演讲与口才

白虹——编

吉林文史出版社
JILINWENSHICHUBANSHE

前 言

富兰克林曾经说过："说话和事业的进展有很大关系，是一个人力量的主要体现。你如出言不逊，跟别人争辩，那么，你将不可能获得别人的同情、别人的合作、别人的助力。"说话是一门学问，同生活中其他学问一样，学得好的人能够轻松自如地面对生活；唯一与其他学问不同的是，学不好，不能放弃，转道其他，因为人不可能不说话，说话是人生存的根本。对于说话，古今中外的远见卓识者历来都给予了高度的重视。"一言可以兴邦，一言可以丧邦""一言之辩，重于九鼎之宝；三寸之舌，强于百万之师"等古语，把国之兴亡与舌辩的力量紧密联系起来，充分揭示了说话的巨大的社会作用。

美国著名教育专家卡耐基非常强调口才的重要性，他说："假如你的口才好……可以使人家喜欢你，可以结交好的朋友，可以开辟前程，使你获得满意的结果……有许多人，因为他们善于辞令，因此而擢升了职位……有许多人因此而获得荣誉，获得了厚利。你不要以为这是小节，你的一生，有一大半的影响，是由于说话艺术。"如今有没有良好的口才和演讲能力，已成为衡量一个人素质的基本标准之一，这些几乎在每一个人的命运里都扮演着十分重要的角色。就拿面试来说，现在国内外大小公司，已把面试作为人才招聘的必要途径，其中有大多行业尤其看重口试。在这种情况下，“口才”这门课程在许多高校已经属于必修课。总之，演讲与口才无疑是一个人追求成功、提高生活品位的一种不可替代的武器，演讲与口才已经成为放之四海、随处可用的特别通行证。

鉴此，我们组织编写了这部《演讲与口才》。本书教会大家如何演讲、如何说话。在充分展示口才巨大威力的基础上，将理论与实践相结合，以通俗易懂的语言深入浅出地论述了演讲与口才的艺术。

阅读本书，让你轻松面对尴尬、获取提升机会、扩大交际范围，在不同的场合、面对不同的人群，说好想说的话，说好难说的话，提高说话技巧，改变一生命运。

目 录

第三章　竞选、竞聘演讲

第四章　开幕、闭幕演讲

第五章　欢迎、答谢演讲

第六章　节日演讲

第七章　好口才的基本原则

第九章　情爱说话术

第十章　日常交际说话艺术

第十一章　职场中的交谈艺术

第十二章　商战推销术

第一章

演讲的开头和结束

演讲的酝酿

“万事开头难”，而“良好的开头是成功的一半”。

演讲正是如此。美国著名演说家洛克伍德·桑佩说：“在整个演讲过程中做到轻松地巧妙地和听众交流思想是困难的。然而，做到这一点的关键是讲话开头的用字和表达。”所以演讲者要殚精竭虑，全力以赴准备好开头。

设置悬念，讲究文采，引人入胜，力求一开口就能拨动听众兴奋的神经。如果能在开始就让听众产生一种肯定的心理，那么这种情绪将伴着他们听完你的整个演讲。

那么应该如何开始一个演讲呢？

演讲开头的方法很多，或单刀直入，或迂回进攻，或敞开发问，或试探而进。下面介绍几种：

1. 开宗明义，一开始就亮出自己的观点，肯定什么，否定什么，批评什么，赞扬什么，和盘托出，清白明了。如公元前44年罗马的安东尼在《为恺撒辩护》演讲中的开场白：

我今天来，是来安葬恺撒，并不是赞扬他的功德。我看人生在世，"好事入泥沙，坏事传千古"这句话无疑是为恺撒说的。布鲁图斯是一个高尚的人，他告诉你们，说恺撒野心勃勃。若果真如此，自然是恺撒的大错。恺撒已死，也算是已偿了他的债了。今天承布鲁图斯的好意，准我演讲，所以我得在恺撒的灵前说几句话。

2. 运用故事、笑话开头能吸引听众。

3. 展示物件式，运用此法可以给听众以形象、新颖感，一下子抓住听众注意力。

4. 引用名人警语式，运用此法能启人心扉，振奋精神。如《人贵有志》的开头：

一个人要有志气。法国生物学家巴斯德在18岁时写过一段名言。他说：工作随着志向走，成功随着工作来！这是一条规律。立志、工作、成功是人类活动的三大要素。……

5. 自我介绍式。介绍自己的一些个人情况，当然还可以插入些俏皮话来吸引听众。

6. 提问式，运用此法利于引起听众的注意，利于演讲者控制演讲气氛。麦克阿瑟在《责任·荣誉·国家》中是这样开篇的：

今天早晨，我走出旅馆的时候，看门人问道："将军，您上哪儿去？"一听说我到西点时，他说："那是个好地方，您从前去过吗？"

7. 新闻式。新闻的特点是“新”，说一则新闻可以吸引听众的注意。如罗斯福的一次演讲是这样的：

昨天，1941 年 12 月 7 日——一个遗臭万年的日子——美利坚合众国遭到了日本帝国海空军部队的突然和蓄谋的进攻。

8. 修辞格式 + 猜谜语式 + 悬念式。

纵观世界上那些著名的演说家，甚至包括林肯、丘吉尔那样的演说天才都非常重视撰写演讲稿，并且是认认真真地写演讲稿。写演讲稿并非表示他们的无能，反而显示他们的明智、精心的准备和严谨的科学态度。

古今中外，成功的政治家无不把绝妙的演讲作为实现政治目标的第一手段。他们机敏睿智、伶牙俐齿、巧发奇中、一言九鼎，为维护国家、民族的利益，或游说、或劝谏、或答辩、或谈判、或演讲、或辩论，均以说话水平导航政治风云，左右形势变幻。

演讲的开场

演讲者应殚精竭虑、全力以赴对付好开头，力求一开口就拨动听众的兴奋神经。

良好的开头应如瑞士作家温克勒说的有两项任务：一是建立听众对演讲者的认同感；二是如字意所释，打开场面，引入正题。具体方法是语言新鲜，忌套话、空话；忌那些磨光了棱角的、听众不爱听的老话、旧话；语言准确，忌大话、假话；语言简练，忌空话、抽象话。

文章开头最难写，同样道理，做演讲开场白最不易把握，要想三言两语抓住听众的心，并非易事。如果在演讲的开始听众对你的话就不感兴趣，注意力一旦被分散了，那后面再精彩的言论也将黯然失色。

因此只有匠心独运的开场白，以其新颖、奇趣、敏慧之美，才能给听众留下深刻印象，才能立即控制场上气氛，在瞬间里集中听众注意力，从而为接下来的演讲内容顺利地搭梯架桥。

奇论妙语，石破天惊，听众对平庸普通的论调都不屑一顾，置若罔闻；倘若发人未见，用别人意想不到的见解引出话题，造成“此言一出，举座皆惊”的艺术效果，会立即震撼听众，使他们急不可耐地听下去，这样就能达到吸引听众的目的。

平常多用的形式主要有这样几种：

一、以故事开头

在开头讲一个与所讲内容有密切联系的故事从而引出演讲主题。1940 年 12 月 17 日，罗斯福总统终于在美国白宫记者招待会上露面了。

此时，正当美、英、苏等国家共同抗击纳粹德国的关键时刻。英国处在欧洲反法西斯侵略的最前线，由于黄金外汇已经枯竭，根本无力按照“现购自运”原则从美国手中获取军事装备。作为英国的重要盟友，罗斯福深知唇齿相依的道理。在反法西斯战争旷日持久的情况下，英国一旦被纳粹击溃，希特勒一朝得势，势必严重威胁到美国的全球利益。美国全力支持英国，是理所当然的事情。

但是，美国国会一些目光短浅的议员们只盯着眼前利益，丝毫不关心反法西斯盟友和欧洲糟糕的战局。而罗斯福却认为必须说服他们，要使《租借法》顺利通过，以全力支持英国，他特别举行了一个意义重大的招待会。

“尊敬的女士、先生们!”罗斯福在简要地介绍了《租借法》以后，紧接着就来说明他的设想了。“假如我的邻居失火，在数百英尺处，我拥有一条浇花的水管，要是赶紧借给邻居拿去接上水龙头，就可能帮他灭火，以免火势蔓延到我家。但是，在救火前要不要和他讨价还价?喂，朋友，十万火急，邻居到哪里去找钱。我想，还是不要他十五元为好，只要他灭火之后原物奉还。如果灭火后水管还好好的，他会连声道谢；如果他把东西弄坏了，他得照赔不误，我也不会吃亏。”

记者们紧追不舍，问罗斯福总统：“请问，总统阁下所说的水管一定是指武器了!”

“当然，”罗斯福毫不掩饰，“我只不过以此来阐述《租借法》原则而已。也就是说，如果你借出一批武器，在战后得到归还，而且没有损坏的话，你就不吃亏；即使军火损坏，或者陈旧了，干脆丢弃，只要别人愿意理赔，我想，你依然没吃亏，不是吗?”

这一番回答之后，再也没有人对此提出任何质疑与反驳了。

这种方式的开场白很能引起听众的兴趣，而且在语言操作上也比较容易，适合那些初学演讲的朋友使用。总之，你要注意的是故事型的开场白一定要摒弃复杂的情节和冗长的语言。

二、幽默的开场白

幽默型即是以幽默或诙谐的语言及事例作开场白。这样的开场可以使听众在演讲者的幽默启发下集中精力进入角色，接受演讲。

因为笑话中人物鲜明，情节离奇，意义深远，俏皮幽默，所以在演讲开始讲一个笑话会令听众开心解颐，得到启示，在轻松气氛中领悟演讲观点。

运用笑话开始演讲要轻松地去体现，要配合以微笑、点头等态势语，表现出真实情感；要用清楚而贴切的语言，不装腔作势；要正视听众，求得共鸣，讲之前不要急着做言过其实的应允或过分的谦卑，过高或过低的估计都会使听众反感。

三、引用的开场白

演讲的开场白也有直接引用他人话语的（大多是名人富有哲理的名言），它为演讲主旨作事前的铺垫和烘托，概括了演讲的主旨。

四、抒情的开场白

这种开场白主要借助诗歌、散文等抒情文学的形式，通过华丽的辞藻和汹涌澎湃的激情，感染听众，把听众带入诗一般的境界。多数参加演讲比赛的朋友都喜欢运用这种类型的开场白。

五、演讲注意承上启下

演讲，尤其是赛事演讲，一般来说，选手都需要对演讲的开头、中间、结尾进行全面完整的设计。不可能也不太好做过多的临场更改，这似乎没有什么不好的。但如果你能独辟蹊径，逆向求新，巧妙地承接上一位或前面几位选手的演讲话题，或是他们演讲中的观点、动作等进行引发，效果将非同凡响。这种临场性的引发会给听众留下良好的印象。

演讲的悬念设置

李燕杰曾强调演讲应有“戏剧般的冲突”。这就要求演讲要巧设悬念，变化有致，高潮迭出。恰当地使用悬念技法可以极大地调动听众的情绪，使演讲产生高潮。请看下例：

主持人宣布“下一位演讲者的题目《1大于2，1大于多》”。古怪的题目有悖于常理，但悬念突出。只见演讲者镇定地走上讲台，拿出一张纸，上面写着：《1大于2，1大于多》。

演讲开始了：“朋友们，我在这里要告诉大家的是1大于2，1大于3，1大于4，1大于多。”演讲者运用实物、言语对本显古怪的题目进行了更进一步的渲染，使观众产生一种强烈的好奇心，急迫地期待下文，以求得解释。接下来演讲者以计划生育为题旨，阐述道：“‘多生有害国家，多生有害人民，多生有害自己。’‘夫妻同育一枝花，利国利民又利家。’从这点上说，难道不是1大于2，1大于多吗？”释答了问题，解开了悬念，听众接受了观点。

设置悬念的方法很多：可以运用与演讲内容相联系的实物；可以运用突然发出、与内容反差较大的情感；可以运用听众一时难以回答上来的串问；可以运用带有夸张色彩的动作；可以运用录音、幻灯、录像等设备。

悬念的设置要注意的是：新奇，产生出人意料的结果；形象，处在听众情理之中；到位，表达圆满自然。

一般说来，悬念设置在演讲的开头，这利于它贯穿整个演讲。也可运用在中间和结尾处。

下面我们看看利用录像效果设置悬念，以《懒惰走向失败》为题进行一次演讲。整个演讲由固执保守走向封闭，忍耐走向衰竭，虚伪无情走向混乱，懒惰畏缩走向死亡几个板块组成，每个板块前由与板块内容相关联而又有一定刺激作用的录像开始。听众在奇巧的演讲中产生对演讲观点的认可。最后放了一段美国几位运动员团结协作取得一次高难度障碍赛冠军的录像，就录像进行了这样的结尾安排：“朋友们，记得所罗门有句名言，‘懒惰者贫困，勤奋者富有。’面对懒惰，该说的我都说了，面对勤奋，尽在不言中。您看了刚才这段录像，想到了什么呢？谢谢！”

连锁悬念，环环紧扣。演讲结尾，再展高潮。当听众走出演讲大厅，仍是余音绕梁，深深思索。

演讲的自我介绍

演讲者走上讲台，听众一般有一种陌生感、朦胧感，渴望了解演讲者的愿望很强烈。如果这时你能及时、准确、得体地自我介绍，自我袒露，使听众得到满足，他们会很高兴的。自我介绍切忌背稿式的朗诵，不要让人感到你花费了很多时间在自我介绍的设计上。自我介绍能取得听众认同的最好方法是自嘲！

自嘲是运用嘲讽的语言，自己戏弄、贬低或嘲笑自己，以此外化出另一层意思，显得“表里相悖”。这就必须委婉达意，巧妙得体，格调轻松，俗而不陋，透露出豁达与聪明。

在演讲中，自我介绍要注意以下几点：

其一是：如果节目主持人已经介绍了，自己就没必要再介绍。如果觉得要补充的话，则要注意与主持人的介绍连成一体。有次一位演讲者参加《理想与未来》的演讲，主持人是这样开场的：“接下来是曾多次参加全国演讲比赛并获奖的国家级优秀演讲员、当代青年演讲家为大家演讲，大家欢迎！”显然，主持人忘了他的名字。只见这位演讲者立即上场接过话："我姓谢，谢谢的谢，叫谢伦浩。在这里首先要谢谢主持人对我的赞美，更要谢谢大家来听我的演讲，不过这里要把主持人刚才讲的'当代青年演讲家'改成'未来著名演讲家'。未来是美好的，我相信未来。让我们大家携手并进，共创未来。我给大家演讲的题目是《理想与未来》。"

其二是：一些赛事演讲由于时间严格控制，主持人会为你介绍，这时就没有必要再进行自我介绍。

其三是：自我介绍尽量精巧点儿。

演讲的风格

不同的演讲风格能够达到不同的演讲效果，是影响演讲成功的重要因素。

一、男性演讲者应追求什么样的演讲风格

男子汉应有男子汉的风采和气质。男性演讲者在演讲中要求做到的是态度坚定沉着，言语掷地有声，表情容光焕发，精神气宇轩昂，风度潇洒大方。达到语言美与风度美的统一，内在美与外在美的交融。

要达到这一目的要注意以下一些技巧：

（一）声音洪亮

由于男性声带相对于女性来说偏宽、厚、长，所以他们的音色浑厚有力，发音准确平稳。初学演讲的男士要使声音优美洪亮首先要学会控制气息，加强气息力度，以保证发音明亮，爽朗。其次要运用好共鸣器官，即灵活控制好口腔、鼻腔、头腔和胸腔。尤其是胸腔。

共鸣会使声音很稳健、厚实、有力。另外发音要有特色，不要去学些什么流行语、现代语，把声音发得漂浮灰暗。应做到“高而不喊，低而不散”，“轻而不浮，沉而不浊”。同时要注意吐字清晰，喷弹有力，这样才能像炮弹一样打得出，送得远。

（二）内容理性

相对女性来说，男性的思维表现得重理性，体现在演讲中带有明显的理性色彩。开诚布公，见微知著，高瞻远瞩，一般说来，男性演讲者以取议论型演讲为佳，一些叙事演讲、抒情演讲尤其具有极度情感抒发的如悲痛、厌恶、惊喜等情感不宜演讲表达。因为男士表达这些感情难免粗犷而弄巧成拙。

（三）言语豁达

男性粗犷开朗，坦率自然。决定着其演讲语言干脆利落，豪迈奔放，信息频传，旁征博引，往往有一锤定音之势。绝不患得患失，结结巴巴，吞吞吐吐。男性演讲的语言还有一个最大的特色——幽默技巧的运用，诙谐有趣，幽默的言词中露出讽刺的锋芒，富有战斗性。

美国莱特兄弟在成功地驾驶动力飞机飞上蓝天之后，在法国的一次欢迎酒会上哥哥威尔伯再三被邀请演讲，他即兴演讲说：“据我所知，鸟类中会说话的只有鹦鹉，而鹦鹉是飞不高的。”这一句深含哲理而幽默的演讲词博得了与会者长时间的鼓掌。

（四）感情真挚

对于感情，女性的塑造性强，表演色彩浓。而男性则感情内储，外化不多，往往是英雄有泪不轻弹，演讲时，男士不宜表达极度的感情，但要投入，要自然地去体现，真诚地去体现。

（五）动作潇洒

演讲时，男士一举手，一投足，一顾一盼之间，都要不失稳重、洒脱。高雅的仪态，大方的举止，得体的打扮，亲切的神情是男士演讲风采体现的主要手段。要想达到灵活自如的境界，需要平时加强态势语的设计和训练。

二、女性演讲者应追求什么样的演讲风格

秋瑾是近代史上著名的演讲家。我们先看看她的一篇演讲《敬告中国二万万女同胞》的开头和结尾：

开头——

唉！世界上最不平等的事，就是我们二万万女同胞了。从小生下来，遇着好老子，还说得过；遇着脾气杂冒、不讲情理的，满嘴连说："晦气，又是一个没用的。"恨不得拿起来摔死。

结尾——

……有钱做官的呢，就是劝丈夫开学堂、兴工厂，做那些与百姓有益的事情。无钱的呢，就要帮助丈夫苦作，不要偷懒吃闲饭。这就是我的望头了。诸位晓得国是要亡的了，男人自己也不保，我们还想靠他们吗？我们自己要不振作，到国亡的时候，那就迟了。诸位！诸位！须不可以打断我的念头才好呢？

这篇演讲采用深入浅出的方法，以形象生动，明白晓畅的话语说服听众，以事明理，感情充沛，代表了女性演讲的特点。女性的演讲总是以清脆悦耳的声音，真实浓烈的感情，优美得体的打扮，温柔端庄的气质吸引听众。与男性演讲相比显得细腻、丰富、流畅。表现在：

其一，感情细腻。女士感情丰富、多变、热烈、细腻。她们对演讲内容的把握很精心，很投入。在演讲时能真实地体现各种感情。或致以亲切动人的问候，或诵以优美悦耳的诗章。其中不乏轻言细语，娓娓道来，像春风沁入听众心扉，时起时伏，峰回路转，余音袅袅，让人回味。她们演讲议论时犀利激烈，抒情时舒展优美，叙述平缓清晰。她们很注意与听众的交流，善于调节音节强弱，表达快慢，给人一种变化多姿之感。

其二，形象生动。女性演讲以形象生动见长，善于体现抒情型与叙述型演讲。如下面这段演讲词：

朋友，你是否留心过这样一组镜头：早晨上班，毫不费力挤上公共汽车的是身强力壮的男子汉，而雨里急哭了的是抱着孩子的女工；凶狠地谴责妻子没有及时把饭做好的是丈夫，委屈得哭了的是妻子；回到家里，轻闲、自在地看电视的是爸爸，困乏不堪地操持家务的是妈妈……

其三，打扮得体。女性很爱打扮，女性很会打扮。相对于男士来说，她们可以更准确地按演讲内容去“包装”自己，美化自己，以塑造一个完美的形象。

其四，态势精巧。男性在演讲中表情、动作、姿态可大起大落些，女性不行。她们态势语言的表达应显得含蓄、精巧，可以在台上始终如一地站着，也可以双手下垂或一只手稍稍在胸前动一动。

女性演讲时要注意的是：一不能太露。言语高亢，音量过大，动作大放大收，表情大起大落均不行。二不能做作、言语男性化，奶声奶气，慢腾腾，软绵绵，大舌头，卷衣角，甩辫子，摇脑袋，动作左摇右晃都不雅观。

演讲的结束

结束演讲的方法是多种多样的，没有一种适合于任何特殊情况的通用方法。演讲者可根据自己演讲的具体时间、地点、主题、听者及自己个性等因素，选择适合于自己结束演讲的方法，使之有效地为自己演讲的思想和目的服务。

在演讲的结尾，也有些演讲者不考虑如何把演讲留到听众心中，让演讲走入听众记忆深处，也喜欢用一些没有信息含量、没有感情力度的陈词滥调，以致留下松散、疲沓无力的尾巴。有位演讲者这样结束他的演讲：“我的演讲就要结束了，此时我向大家表示深深的歉意。耽误了每人五分钟，加起来就耽误了大家五百分钟，很对不起！”本来这位演讲者音色可以，感情贯通，可这样的结尾实在差劲，似乎让人想到鲁迅先生的一句话，耽误别人的时间等于谋财害命。前面精彩的部分被这苍白无力的话语冲淡了。

演讲的结尾应该感情充沛，语气铿锵，像美国作家约翰·沃尔夫说的“演讲最好在听众兴趣未尽时戛然而止”。给人以振奋，给人以鼓舞，给人以无穷的思考和无尽的遐思。

古希腊哲学家苏格拉底被指控由于不信仰人们共信的神而被处死刑时，临死前演讲的最后一段是：“诀别的时刻到了——我将死去，而你们还将活下去，但只有上帝知道我们中谁会进入天堂。”这句话意味深远。

一、常用方法

1. 在演讲结束时简洁、扼要地对自己已阐述的思想进行总结，帮助听者加深印象。

2. 利用赞颂的话结束演讲。人一般都喜欢被赞颂。通过一些赞颂的话，会场的活跃气氛可达到一个新高潮，讲者和听者的关系就更融洽了，给听者留下一个满意的印象。但要注意，讲者在说赞颂的话时，不能有过分的夸张和庸俗的捧场，否则听者就会有溢美或哗众取宠的感觉。同时，讲者说话的表情要自然，态度要严肃，口气要诚恳。

3. 利用名人的话或轶事结束演讲。权威崇拜是一种普遍存在的社会心理，恰当地运用权威和名人的话或者轶事结束演讲，可以把演讲推向一个新高潮，给讲者的思想提供最有力的证明。讲者可借助这样的话来结束演讲："最后，我想引用 ××× 的话（或者关于 ××× 的一个轶事）来结束我的演讲……" 但要注意，讲者引用名人的话或轶事要有针对性，要能丰富和深化自己演讲的主题。

4. 利用诗结束演讲。用诗结束演讲可使演讲显得典雅而富有魅力，听者听了也会产生清新和优美的感觉。引用诗句同用名人的话或轶事一样，要有目的，要为演讲的主题服务。同时，讲者引用的诗一定要短，最好四句，最多八句，而且讲者一定要谙熟地背诵所引用的诗句，否则弄巧成拙，反而影响演讲效果。

5. 利用幽默结束演讲。除了某些较为庄重的演讲场合外，利用幽默结束演讲可为演讲添加欢声笑语，使演讲更富有趣味，并给听者留下一个愉快的印象。讲者利用幽默结束演讲时，要做到自然、真实，使幽默的动作或语言符合演讲的内容和自己的个性，绝不要矫揉造作、装腔作势，否则只会引起听者反感。

6. 利用呼吁结束演讲。这方法对一些"使人信"（相信）和"使人动”（行动）的演讲来说，效果尤为显著。讲者通过对与听者有共同思想、共同愿望、共同利益和共同语言的某问题的阐述，使演讲达到一定高潮。然后，讲者利用一些感情激昂、动人心弦的讲演词对听者的理智和情感进行呼吁，并借助像“为实现我们预定的目的而奋斗”等语言，向听者指明行动的具体步骤，这样，讲者实现了激励和感召听者的目的，听者马上就会明了讲者的意图和自己行动的具体方案。

7. 利用动作结束演讲。在演讲中，讲者的动作（无声语言）是与听者交流思想的重要媒介，利用动作结束演讲，是一种具有独特风格的方法。例如，有位演讲者在结束自己的演讲时，他穿上外套，戴好帽子，拿起手套，而后诙谐地对听者说：“我已结束了自己的演讲，你们呢？”他出人意料的绝技立刻博得了全场听者的掌声。

二、绝妙诱人的结尾

演讲要获得全面成功，一定要精心设计好结尾。也就是俗话所说的：“编筐编篓，全在收口。”如果说好的演讲开头犹如“凤头”，那么好的演讲结尾就像“豹尾”。豹尾者，色彩斑斓而又强劲有力。结尾是对整个演讲的总结，它承担着收拢全篇的任务，因此，其意义非常重要。演讲的结尾既有文采又坚定有力，既概括全篇又耐人寻味，才能使全篇演讲得以升华，收到良好的效果。

对演讲结尾的要求大致可以归纳成以下三点：

（一）加深印象，结束全篇

当演讲基本完成，听众对你的观点、态度以及讲述的有关知识基本上已经掌握时，就必须考虑“收口”了。“收口”将从视觉上、听觉上给听众留下最后印象，将在听众的大脑屏幕上“定格”。“收口”的好坏直接决定了听众对整个演讲的印象。精彩的结尾往往能弥补一些不足，强化听众的总体印象。只要我们留意一下，便会发现古今中外的演讲家对结尾都是很重视的。

（二）言简意赅，耐人寻味

演讲结尾切忌重复、松散、拖沓、枯燥，尽量避免那种人云亦云的客套式的结束语。结尾言简意赅应该是演讲者追求的目标。

结尾应犹如撞钟，余音缭绕，耐人寻味，令人感奋向前。

（三）戛然而止，余音绕梁

结束语是演讲的重要组成部分，精妙的结束语能使演讲收到意想不到的效果。通常情况下，结尾不应冗长拖沓，更不能画蛇添足，而要在达到高潮时戛然而止，给听众以余音绕梁、回味无穷的感觉。结尾时要尽可能达到与听众感情上的交融，引起听众的共鸣。在把握好分寸的前提下，满腔热情地提出希望、要求和建议。

结尾要干净利索，凝练有力，极富人情味和鼓动性。

当演讲因种种原因需要中止时，如果演讲者仍然滔滔不绝讲个不停，必然引起听众的反感。因此，一定要学会适可而止。

三、高潮式、总结式和余韵式的结尾

与演讲的开场白一样，其结尾也有不同的形式。结尾结得好，能给人余音绕梁、回味无穷的感觉，也可令人深思。其形式一般有以下几种。

（一）高潮式

演讲如果在演讲主题思想的升华、情绪氛围的渲染都达到了最高点时结尾，我们把这种演讲结尾方式称之为高潮式。

“一二·一”是昆明的光荣，是云南人民的光荣。云南有光荣的历史，远的如护国，这不用说了，近的如“一二·一”，都是属于云南人民的。我们要发扬云南光荣的历史！

反动派挑拨离间，卑鄙无耻，你们看见联大走了，学生放暑假了，便以为我们没有力量了吗？特务们！你们错了！你们看见今天到会的一千多青年，又握起手来了，我们昆明的青年决不会让你们这样蛮横下去的！

反动派，你看一个倒下去，可也看得见千百个继起的！

正义是杀不完的，因为真理永远存在！

历史赋予昆明的任务是争取民主和平，我们昆明的青年必须完成这任务！

我们不怕死，我们有牺牲的精神！我们随时像李先生一样，前脚跨出大门，后脚就不准备再跨进大门！

这是李公朴被杀之后闻一多先生的演讲，他在结尾时把群众的愤怒情绪调动到了最高潮。而实际上，把高潮放在结尾是许多演讲人士自觉或不自觉地都在运用和遵循的一条重要法则。

（二）总结式

在演讲结尾时，对前面所讲的内容进行提纲挈领的归纳和总结，就叫作总结式。对于初学演讲的人来说这种结尾方式很容易被掌握，但要注意，总结时要避免对前面演讲内容和形式做简单的重复。

（三）余韵式

运用余韵式结尾，就是在演讲中以含蓄或者留有余地的语言来表达主题，让听众能在演讲结束后的思索中体会其言外之意，而受到启迪，或者总结演讲的精华主旨并深化主题。

四、格言式、号召式和呼吁式的结尾

（一）格言式

所谓格言就是指那些语言简洁、内涵丰富、富有劝诫与教育意义的话。运用格言结尾，可以把演讲的主题思想或最后结论浓缩在一两句话中，言简意赅，从而使听众受到深刻的教育和启迪。

亨利“不自由，毋宁死”的雄壮的战斗呐喊，由此成为美国独立战争时期最有力的战斗宣言。要知道，创造格言并不是文学家、思想家的专利，只要你能在演讲中深刻地把握住演讲主题，并能通过极为精练的句子传达内涵丰富的思想，就是完全属于你自己的格言。

（二）号召式

所谓号召式就是在演讲快结束时，运用极富鼓动性的言辞号召人们有所行动的演讲结尾形式。比如某些竞选性的演讲结尾以“请投我一票”来结尾便是最为典型的号召式。

号召听众采取的行动既可以是某种具体的动作，也可是抽象的、概括的行为，如闻一多先生在《最后一次讲演》中的结尾：“我们要准备像李先生一样，前脚跨出大门，后脚就不准备再跨进大门！”（长时间的热烈鼓掌）在这里，闻一多先生以“后脚就不准备再跨进大门”的形象比喻来号召人们时刻做好为革命事业牺牲的准备。

（三）呼吁式

这里所说的呼吁，就是运用辞令号召、引导听众去采取行动。这是许多有经验的演讲者通过亲身实践总结出来的切实可行的结尾方式，它既可使人心悦诚服，同时又能催人奋进。

当然，你与听众之间必须有共同的思想、共同的愿望、共同的利益和共同的语言作为基础，在这个基础上，你可放开思想包袱，运用富有哲理的、感情激昂的、动人心弦的语言去打动听众、呼吁听众作出某种行动。只有胸襟开阔，目光远大，实事求是，毫无矫揉造作和浮夸虚饰的呼吁，才能够打动人心引起听众的共鸣。

五、引述式、幽默式和赞颂式的结尾

（一）引述式

所谓引述式，就是指在演讲中引用与演讲内容相关的权威性言论来结尾，从而点题或深化主题的结尾方式。

早在两千多年前，亚里士多德就把权威的言论看作使人信服的三大手段之一了。由于这种权威的言论是人们普遍相信的，因此，我们如果能把这种言论运用到演讲的结尾中去，就等于是再次有力地证明了演讲的主题思想的正确性。这种权威性言论包括名人名言，以及经过历史考验、被证明是可以确信不疑的格言、成语、谚语，或者是人们普遍喜欢的文学名著中的警句、诗句等。当然，所引权威言论必须与演讲内容相关或完全吻合，使之有针对性，并能点出演讲的主题。

（二）幽默和赞颂式

戴尔·卡耐基说："最好在听众的笑声中说再见。"他认为，达到了这一目的就表明一个人的演讲技巧已十分成熟了。取得这种效果的方法有两种：一是幽默的话语，二是幽默的动作。无论采取哪一种方式，都需要运用人的智慧。幽默之所以引人发笑与深思，主要是因为，面对同一个内容，不聪明的人按部就班，有智慧的人却能用别出心裁的方式将其表达出来。

幽默可使会场的气氛达到一个新的高潮，从而使你和听众的关系变得更为融洽、和谐，同时，演讲过程中的一些讲话欠妥的地方，也可在因赞颂而引起的友好气氛中烟消云散，从而形成良好的氛围，使演讲取得较好的效果。

不过，你要注意的是赞颂要恰如其分，不真诚或过分的赞颂，会有拍马屁之嫌，令听众不自在。

六、运用祝福语

演讲，尤其是生活中的社交礼仪演讲主要目的是催人上进，使人愉悦，激人奋起。无论是欢迎会、告别会、追悼会、联欢会，还是茶话会、酒会等，演讲者表达的总是一种对生活的赞美，对人性的讴歌，对痛苦的反思，对未来的向往。这些演讲要感情真挚，如果能在后面用上几句祝福语就像是点燃一盆炭火，使听众温暖如春。

运用祝福语结尾要注意：

1. 发自内心，亲切动人；

2. 注重场合，适度适情；

3. 通俗易懂，简短明白。

各位老师、各位来宾：

今天我们济济一堂，隆重庆祝××先生百岁华诞。在此，我首先代表学校并以我个人的名义向××先生表示热烈的祝贺，衷心祝愿××先生身体健康！同时，也向今天到会的各位老师表示诚挚的谢意，感谢大家多年来为××系的发展、特别是××学科建设所作出的积极贡献！

××先生是××学科的开拓者和学术带头人之一，也是我国××研究领域的一位重要奠基人。××先生德高望重，学识渊博，在长达60年的教学和研究生涯中，他淡泊名利，不畏艰难，孜孜不倦，不仅为××系而且为当代中国的××学科建设以及人才培养作出了卓越的贡献。

……

××先生不仅著书立说，为学术界贡献了许多足以嘉惠后学的优秀学术论著，而且教书育人，言传身教，培养了许多优秀的人才。

……

几十年来，××先生以自己的学识和行动，深刻影响和感染了他周围的同事和学生，为后辈学人树立了道德文章的楷模。在××先生百岁寿辰之际举行这样一个庆祝会，重温他的道德文章，是非常有意义的，必将激励大家以××先生为榜样，进一步推进全校的师德建设和学科建设。

最后，再次衷心祝愿××先生身体健康！祝××系更加兴旺发达！请大家干杯！

谢谢大家！

第二章 演讲现场的技巧

情感沟通的技巧

一、训练有素不留痕

戴尔·卡耐基在他的著作《口才训练术》一书中记载着这样一件事：

一年夏天，我到阿尔卑斯山脉的避暑胜地——莫林小住，我住的宾馆是伦敦一家公司经营的，他们每周要从英国派来两位演说者，为住店的旅客办讲座。其中有一位著名的女作家，她演说的主题是《小说的未来》。由于她根本没有充分发挥，因而没能很好地表情达意，所以她虽然站在听众面前，却对听众的目光视而不见，不把听众放在眼里，也不与听众交流感情，而是时而望前方，时而看地板，又看手中的纸条。她的声音和视线，使你感觉不到她在面对着一群人讲话，而是对着虚拟的空间演说。

这种心不在焉的态度当然不能获得满意的效果。其实你该像和朋友促膝交谈一样自然、真诚地演说，和听众产生感情交流，让他们与你产生共鸣，同喜同乐，同苦同悲。否则，若像这位作家一样进行演说，那么面对听众还不如面对没有生命的大沙漠。

和听众交流感情的前提是你必须坦率真诚。过去有许多关于演讲的书都没有重视这一点，这些书往往只注重演说的规则及形式，认为懂得了这些就能出色地演讲，就能当演说家，因此有的人甚至去背诵雄辩家的演说词。其实，这是低效率的方法，毫无实际效果，更无技巧可言。

较新式的说话训练与以前曾流行一时的夸张式演说不同。因为现代听众能接受并欣赏的演说者，是那些面对许多听众发表演说就像和普通人交谈一样坦率、自然而且充满生机与活力的人。所以这种说话训练受到了人们的喜爱。

有一次，马克·吐温在内华达州瓷区发表演说之后，有一位年老的瓷器工程师问他："你每次都能这样自然地施展雄辩术吗？"这句话道出了听众对演讲者的要求，自然的雄辩加以引申，就能说出听众想说的话，与他们产生共鸣。

练习是使自然的雄辩加以引申的唯一途径。在练习过程中，你如果发现自己正在以夸张的语气说话，就应该立即停止练习，并严格地审视并反省：

"怎么能这样子呢？你应当清醒，要说得坦率且自然。"然后，在你的听众中找出最不专心听讲的，只对他演说，暂时把其他人忘掉，设想他在向你问话，你也正在回答他的话，并且想“只有我才能回答他的话”。经过这样多次训练后，听众中即使真的有人站起来提出问题，你也能立即自然地做出回答。你还可以利用自问自答来训练演讲的技巧。比如：“也许各位听众会怀疑，你所说的话有什么证据呢？我们为什么要相信你所说的话？”“有的，的确只有证据才能让你们相信，这就是……”经过这样多次训练就会使你的演讲非常自然，而不会让人觉得你是在背台词，并且能使单调、贫乏的演说趋于生动、具体、和谐。

例如，一位英国演说者演说的题目为《原子与世界》。他对原子的研究已达半个多世纪，他很想把自己的感想和知识，清晰地传达给听众，他忘记了自己是在演说，而只是想通过自己热情的话语，让听众正确地了解原子，让听众感觉到他自己所感觉到的事。最后，这位演说者获得了极大的成功。他的演说充满了无穷的魅力和强大的说服力，博得了听众阵阵的喝彩，可以说他是一位具有异常天赋的演说者。然而他并没有炫耀自己是一位演说家，听众也不这样认为，他们之间已自然地水乳交融了。

如果听过你演说的人认为你是一个经过训练的演说者，这并不是最高境界。所以，千万不要让听众感到你训练留下的雕琢痕迹，而要让听众觉得你是一个平易近人的朋友。擦得光亮洁净的玻璃窗，根本不会引起任何人注意，它的作用是让光线通过。一位优秀的演说者也是这样，如果他的态度自然，听众就不会注意演说的技巧，而只会留意演说的内容。当然并不是演说的技巧不重要，只是不要让技巧掩盖了内容，给人留下“玩弄花招”的印象，那实在不是进行技巧训练的最初愿望。

二、全力以赴，争取好感

（一）全力以赴

诚实、热心和认真的态度，能帮助你达到目的。一个人的强烈情感，能使他展示真正的自我，这是因为强烈的情感能清除一切障碍。这样的演讲者，其行动和演说犹如在无意识中进行的。这种自由发挥的状态就是演讲的最佳境界。

在英国，有一位名叫乔治·麦克唐纳的传教士，他在布道时发表了题目叫《致希伯来人书》的演说，给人留下了深刻的记忆。他说：

各位都是信仰虔诚的人，对于信仰的含义，相信已有了一定的了解，用不着我多说，何况还有许多比我更优秀的神学教授在这儿，我之所以站在这里，只是为了帮助你们加强信仰。

这时，他把全部注意力都集中到演说中去了。为了使听众产生真正的信仰，并且虔诚地表达出来，他全力以赴地演说着，他那充满热情的话语将眼睛所无法看到的永恒真理和自己坚定的信仰，生动具体地表达了出来。他说话态度诚恳、感情真挚，这一切反映了他淳朴敦厚的内在气质，而这种演讲态度正是他成功的关键。

柏克·艾德曾写过出色的演说词，被美国各大学当作雄辩的成功典范来研究，可他本人的演说却很失败，因为他对珠玉一样的演说词，缺乏热烈而生动的表达能力，每当他站起来发表演说时，听众便开始坐立不安，有的咳嗽，有的东张西望，有的走动，有的打瞌睡，有的干脆走出会场，这种情形在会场里实在令人尴尬。因而他得到一个“晚餐报时钟”的绰号。

一枚足以穿透钢板的子弹，如果用手投掷的话，就连衣服的一角都损伤不了，因为它没获得足够的速度，所以没有强大的动能；相反，如果你把豆腐当子弹发射的话，它也无法损伤什么。同样一篇十分精彩的演说词，如果在它的背后没有高水平的演讲技巧来加以再现的话，那么其效果就会和发射豆腐一样软弱无力。因为它虽有速度，但是本身质地却太软了。

（二）让听众产生强烈的好感

演讲追求的是一种自然的表达。这种表达是指把自己心中所想的事，所积聚的情感，诚恳地用言语和表情表达出来。掌握了演讲技巧的演讲者，在演讲时就会注意使用比较丰富的词汇来描述，从而扩大自己的内涵所能表现的范畴。如果你认为缺乏改变自己的能力，那么这种表现就难以进行；如果你对改变自己的方法很重视，那么你就会寻找到适合你个性的表达方式。比较积极有效的方法有：经常检查自己演说时音量的高低、速度的快慢、节奏的强弱等。检查方法：利用录音带录下自己的演说，然后边听边做自我分析，或是请朋友听了你演说后来评判。当然如果能请到专家予以指导，那么演讲技巧会达到更高的境界。

同时，你要记住，不要把太多注意力放在你的表达方式上，那样会使演说流于形式。因此，你面对听众发表演说的时候，一定要满怀热情、全力以赴地去争取让听众产生强烈的好感，只有这样，你才能够自由地表达你的思想、意念、情感，才能使你的演说具有极强的说服力。

把握听众心理的技巧

由于对演讲效果的评判在很大程度上是根据听众对演讲的接受程度而定的，所以应把握演讲过程中听众的心理。十分有名的《钻石的土地》是由康威尔·罗李演讲的，而且他曾经演讲过6000次以上，也许有人会以为他的演说只不过像录音机一样，多次播放相同的内容，甚至连每一句话的抑扬顿挫都没有改变。然而事实并非如此，因为罗李明白每一次的听众都不尽相同，他必须对演说做适当调整，以满足不同层次、不同品位的听众。当他到某地发表演说前，总是先去拜访当地的各个阶层的人物如局长、经理、工程师、理发师等，或是随便和某人闲聊，并从闲聊中根据他们的言谈举止分析他们会有怎样的期望。然后，才因地制宜、因人而异确定内容、题材，再发表演说。无疑，罗李深知思想传达的成功与否很大程度上取决于听众的理解和接受程度的高低。《钻石的土地》并没有留下讲稿，但他以同一主题讲了6000次以上，并取得了成功，这完全得益于他对人情世故的敏锐洞察和演讲的机敏应变。这给我们揭示了一个深刻的道理：演说必须融合听众的心理，符合听众的知识结构。

（一）听众关心的事应纳入演讲

罗李博士认为演讲成功的要素之一是缩短演讲者与听众的心理距离。事实证明，如果是涉及听众所熟知并相关的事物，听众便能较快地接受演讲者的观点，演讲就容易获得成功。

艾立克·约翰斯敦曾担任过美国工商会长、电影协会会长，他的演说，很善于利用演讲地的风俗民情和实际情况。在俄克拉荷马州立大学的演说中，他成功地运用了就地取材这种方法。

俄克拉荷马这块土地对商人而言，原本与鬼门关一样，被认为是永无发展的荒凉之地，甚至在旅游指南中被删去了名字，这都是不久前发生的事情。但是，你们一定也曾听说过，1930年左右，曾经过这里的乌鸦，向其同伴提出警告，除非已备足粮食，否则到这里就无法生存。

大家都把俄克拉荷马当成无可救药之地，绝不可能有开拓性发展。但到了1940年，这里奇迹般逐渐变成了绿洲，甚至将她的美妙变革谱成流行歌曲：大雪过后，微风轻拂，麦田飘散着芳香，摇曳多姿……这不是俄克拉荷马欣欣向荣、勃勃生机的写照吗？

仅仅10年的时间，你们的家乡已由一片黄土沙漠，摇身变为长得像大象一样高的玉米田，这就是信念的报偿和敢于冒险犯难的结晶。

由于演说者善于从听众所熟悉的生活环境、切身体验中选材，然后经过分析、归纳、总结，在纵向比较和横向比较上做文章，因而取得了演讲的成功。他的话不是教条，言辞新奇、生动、贴切，紧紧抓住了听众的心，拉近了演讲者与听众的心理距离，所以成功是必然的。

演说者的成功正是在于他明了听众的目的，以及听众期望演讲者能给他们提供的解决难题的知识和方法。有了这样的认识，你才会寻找到听众的真正疑惑或需求，确定自己的演讲内容、主题，也才能有的放矢地演说，才能拥有取得成功的先决条件。如果听众渴望了解当前的局势，那你可以分析国际国内的政治动态；如果听众希望了解怎样进入股市，那你可以对他们讲述有关股市、股票的基本知识……英国新闻界的威廉·伦德夫·赫斯特作为美国大报业的经营者在被问到哪种话题能吸引听众时，他毫不犹豫地回答：“就是与自身息息相关的话题。”他正是在这种理论指导下，建立了他的新闻王国。

不用举更多的例证，便可知道与听众休戚相关的话题必然会赢得听众的认同进而被听众接受。如果我们心中没有听众，以自我为中心，听众就会感到事不关己，因而显得心不在焉，东张西望，这无疑是对演讲者的嘲讽。

（二）真诚的褒扬

听众是一个思维活跃的群体，他们会根据自己的立场对演说进行评价。如果你不尊重他们，他们会不留余地地拒绝你。所以，如果听众有值得称道的表现，就应抓住时机予以肯定。做到这点就等于拿到了自由出入听众心理王国的通行证。当然，应有赞扬的技巧，否则只会适得其反。

（三）寻找共同点

演讲与对话都是人际交往与沟通的必要手段。如果你是应邀演讲，那么与听众建立起融洽的关系是很重要的。英国前首相麦克米伦，在美国德堡大学毕业典礼上，他的开场白就不失时机地抓住了听众的心。“感谢各位对我的欢迎，虽然作为英国首相在这里发表演说的机会并不多，但我并不认为我是英国首相才被邀请。”然后，他又回顾了自己的家世，并告诉听众，他的母亲是出生在本州的美国人，而他的外祖父就是印第安纳州德堡大学的首届毕业生。

麦克米伦以其直系亲属的血缘情分，和属于开拓者时代的美国学校生活方式为话题所发表的演说，其反响之热烈，自不待言，获得这一成功的重要因素无疑是巧妙地抓住了听众与演讲者双方的共同点。

（四）让听众充当演说中的角色

曾有一位演说者，想要向听众说明从踩刹车到车子完全停止之间的行车距离。这位演说者请了一位坐在最前排的听众站起来，协助他说明车距与车速的关系。被指定的听众，拿着卷尺站在台上，按照演说者的解释前进或后退。这种情况不但具体表现了演说者的观点，同时，也具有与观众沟通的桥梁作用。

有时为了达到让听众扮演一个角色的效果，可以向观众提问，或者让听众重复一遍演讲者的话，然后举手回答。《富有幽默感的作家与说话》的作者巴西·H·怀汀一再强调要让听众直接参与表决，或让听众帮忙解决问题。并且认为要有正确的思维方向。如果用演讲稿的方式去演说，那么观众的反应肯定不会很强烈，应把听众当作是你共同事业的合作伙伴。演说者如果做到观众参与，就能使他要表达的论点更加深入人心。

（五）使听众感到平等

演说者以怎样的态度与听众沟通，是十分敏感的问题。假如以一种有良好教养、拥有较高的社会地位或社会权力的态度和腔调对听众演讲，大都会受到排斥和反感，因为谁都不愿低人一等、听人训话。因此演讲者首先应采取低姿态使听众感到平等，才能与听众建立良好的沟通关系。诺漫·V·比尔曾忠告一位演说缺少吸引力的传教士："诚恳是首要的条件。"

控制场面的技巧

一、表达自己的技巧

仅有自信和对听众的了解是不够的，还要注意演说中的表达技巧。这里所说的表达技巧指表达方式和措词方面的基本技巧。

（一）表达方式的技巧

表达方式不同，则效果迥异。如说："我很讨厌他"或"我不喜欢他"，就不如说"我对他的印象不怎么样"。对一个看来超过 40 岁的人，与其说"你还不太老"，倒不如说"你现在可正值壮年"。这样别人就会认为你是一个很会说话的人。

为什么会出现这种效果上的差异呢？其实原因很简单，说话人的态度是否谦恭，其问话是否合乎听者的心理，都会直接影响到说话的效果。因为任何人都希望得到别人的尊重和体谅。问话如果不尊重和体谅对方，自己就会自讨没趣。

（二）措词精妙的要诀

在交谈中，措词的精妙和恰当也是非常重要的一环。如果措词词不达意，或者粗俗不堪，或者故弄玄虚，那么不管内容有多好，也不会取得良好的效果。要做到措词简洁精妙，我们在谈话中应注意以下几个方面。第一，尽量简洁明了。说话一般是越简洁越好。有些人在叙述一件事情时，本来只需一两句话就可说明，但他拉拉杂杂说了很多，却仍没有把意思表达出来。听者云里雾里，费了很多的心思，也不知道他要说什么。矫正的最好办法是在说话之前，先打好腹稿，尽量用最简洁、最少的字把要讲的话表达出来。

第二，不要滥用重叠。在汉语里，有时的确要用重复来强调你所要表达的内容。但是，如果滥用叠词叠句，就会显得累赘。如，许多人在疑惑不解的时候常常会说："为什么为什么？"其实，一个"为什么"就足以表达你的疑惑之情。还有的人在答应别人一件事情的时候，常常说："好好好。"其实，说上一个"好"字就足够了。如果你有这个毛病，也得改一下。

第三，同样的言词不可用得太频繁。一般地说，听者总希望说者的语言丰富多彩。我们虽不必像名人那样，字字珠玑，妙语连篇，句句都是深刻精辟的道理，闪耀着哲理的光辉；但也应该在许可的范围内尽量使表述语言多样化，不要把一个词用得太频繁。即使是一个非常新奇的词，如果你在几分钟之内就把它复述了好几次或十几次，那么人们对它的新奇感就会丧失，并对它产生一种厌恶感，进而拒绝接受你的演讲。

第四，要避免口头禅。有些人在交谈中常常不由自主地使用口头禅。诸如"我觉得""我以为""俨然""绝对""没问题"等，这类口头禅说多了，不仅影响内容的表达，而且还给人一种傲慢、以自我为中心，逻辑不严密的印象。因此，这类口头禅应尽自己最大努力去克服。

第五，要避免使用粗俗的词。常言道："言语是个人素质、修养的衣冠。"一个相貌堂堂，看上去颇为不错的人，如果出口成"脏"，那么别人对他的好感就会消失殆尽。其实，这些人中的相当一部分并非学问、本质不好，只是在追求语言的新奇和俏皮的过程中染上了这种难以更改的坏习惯。试想一想，在一个初次交往的人前，你若说了句粗俗的话，他就会认为你是一个粗俗不堪没有修养不可交往的人。

第六，不要滥用术语。如果听众不是专业人员，你却大量使用专业术语，给人一种故弄玄虚的感觉。诸如满口“一元论”“二元论”“沙文主义”等术语，不熟悉的人会感到厌倦，而熟悉的人则会认为你卖弄学识、非常浅薄。

二、旁征博引的技巧

所谓“援例”就是通常所说的用例或举例，以事实证明自己的观点。

有经验的演说者在演说时经常举例。这是因为举例既可有效地说明问题，又能使演说内容充实，形式活泼。即常言说的“事实胜于雄辩”。演讲中用例一般应注意以下技巧：

（一）贴切

演讲中举例，是为了达到证明问题、阐述观点的目的。因此，举例一定要贴切。举例说明不贴切是在实际演讲中最容易犯的毛病。不贴切的情况一般有三种。

一种是“风马牛不相及”，即例子与要说明的问题毫不相干。例如：想说明女人不应该过分讲究衣着打扮，而举的例却是“天然游泳场中，女人不用穿衣服。古罗马竞技场上女人也是一样赤裸着身体参加比赛”，她们在游泳中裸体与在竞技场中裸体，只是她们特有的习俗，一种独特的风尚，与妇女不必讲究衣着打扮没有必然的联系，她们中的有一些人也有可能是过分讲究衣着打扮。这样的援例如何能为你的观点服务呢？

不贴切的第二种表现形式是“以己之矛攻己之盾”，即所举的例子与他想要说明的问题自相矛盾。例如，要说明苏联的社会主义比波兰的修正主义好，例证却是波兰在修正主义统治下，民不聊生，猪肉和食糖配给制，“市民每人每周只准买两磅食糖和两公斤猪肉”。而当时，苏联已实行了定量供应，一个月供应一斤半猪肉和半斤食糖！这个例子，似乎并不是在说波兰修正主义不好，而是对苏联社会主义的嘲讽。

不贴切的第三种表现形式是“若即若离，似是而非”。即所举例子缺乏针对性。例如，要说明做学问应当讲究恰当的方法，以苦干加巧干达到事半功倍的效果，然而举出的却都是“出大力流大汗”的例子，体现不出“巧”在哪里。想说明“贵在坚持”，可举的却是“在困难的时候要有清醒的头脑”的例子体现不出坚持的重要。这表明演讲人逻辑不够严密，演讲也就失去了其魅力，达不到理想的效果。

（二）新颖

有些事例，本来很好，但你用过来，我用过去，听众听来也就乏味了，觉得你的演讲也不过如此。有人一讲“潜心钻研”就举居里夫人在实验室的事；讲顽强拼搏，就举海伦·凯勒；讲贵在坚持，就举马克思把大英图书馆的地板磨出一道沟，似乎大千世界就这么几个例子可举。举办谈“信仰”的演讲会，居然有十个人争着引用布鲁诺的故事，十次高声演讲“火并不能把我征服，未来的世纪会了解我、知道我的价值的！”有听众马上嘲讽：“演讲者的心肠也太狠了，罗马教皇也不过烧死了一个布鲁诺，而演讲者们一个晚上就烧了十次！”这种“炒剩饭”式的举例，恰好暴露出了演讲者的弱点：知识贫乏，思维迟钝。其实，只要真正留心，现实中和历史中生动感人的事例何止千万。

（三）典型

典型事例与一般事例不同。一般也能说明问题，但毕竟“一般”不可能最有说服力，更不会引起强烈反响，留下深刻的印象。而典型事例则是最生动、最有说服力的。事例一出口，道理就昭然若揭。这种事例，源于生活，能深刻反映生活本质和深层的生活哲理。但这种事例往往被一些貌似平凡的表面现象所掩盖，非潜心发掘不可。

（四）具体

举例是为了证明观点，要想观点明确，就必须使例子生动、形象，具有说服力。如在讲“学习专心认真”这个道理时，你就不能举这样的例子：某某同学学习不专心，所以没考上高中；后来，学习专心了，所以获得了成功，成了引人注目的人物。你也许的确知道这位同学后来是怎样专心致志的，但听众不知道，而这正是他们想知道的。所以应该这样说：赵小兰平时学习不专心，老师在上面讲课，她在下面看小人书；老师要大家练习，她没写几笔就叠纸人去了，所以成绩不好，连高中也没考上。这时她爸爸责备了她，同学们讥笑她，她心中难过极了，一个人不知偷偷哭了多少场。后来一个偶然的机会，她参加了市业余无线电俱乐部，学习收发报。这回她接受教训了，别人将收发报当作业余爱好，她却全身心投入，上课时专心听讲，课后反复练习，她一边走路一边动指头地练按键。一边吃饭，也一边练。有时睡梦中，还在练。她完全生活在“滴滴嗒嗒”的世界里，简直入了迷。一次祖母要她擀面条，做这工作时要两手一起用，没法练习按键了，可是等祖母来拿面条时，发现桌上只有面片，面片上全是坑坑洞洞，像蜂窝一样，原来孙女又在刚擀好的面片上练起来了。后来赵小兰终于取得了市级比赛第二名。

这种举例，不但有概括的叙述，而且有细节的描写，这些细节具体、生动，既能传神地刻画人物，又能有力地证明专心致志与取得成绩的关系，于是给听众留下了比较深刻的印象。因此，在演讲举例时，不仅要典型，而且要具体生动。要想具体生动，必须有一定的典型细节描绘。

（五）有趣

演讲，是为了影响人。首先必须吸引人，才能影响人。教学要讲究“寓教于乐”，也有人说过：“兴趣是最好的老师。”这样既营造了一个轻松愉快的氛围，又是听众感兴趣的事。这样就很容易让人接受你的观点。剧作理论上也有这样一个法则：一折戏“从头到尾都要有趣”。演讲要达到最佳效果，也可根据上述道理，借鉴戏剧的经验，做到“有趣”。如果没有趣味，听众就会感到乏味，你演讲的方法再好，也无法对听众产生影响。让演讲有趣，举有趣的事例是必不可少的。所以，举例时，应尽量选择有趣的典型事例。只有这样，你才能在实际演讲操作中，吸引听众并对他们产生影响，让他们从心底里接受你的观点。

总之以上几个方面的内容构成了演讲基本技巧的要素，对于初次进行口才训练的演讲者来说，掌握它的基本技巧是相当重要的，因为在这个过程中需要克服的障碍很多，如果不能抓住关键则势必会影响演讲的效果。

身体语言的技巧

使用身体语言是使演讲效果更好的一种演讲技巧。在深入讨论这一问题之前，必须先弄清楚什么是身体语言。

所谓身体语言是通过人体器官的动作或改变某一部分身体形态来进行情感思想交流的一种符号序列。通俗地说，身体语言是利用身体动作来传递信息从而达到交际手段的。由于身体语言主要由身体形态的变化来表达，因此又有人将其叫作态势语言。

身体语言在人类文明历史发展进程中的地位和作用虽然不及有声语言，但是，身体语言所表达的意义却比有声语言更丰富、更真实。有声语言所表达的各类信息，大多经过了人的理性思考和总结加工，因而大多蕴含着人的意识中更深层次的东西。而以传递人的情绪和欲望为主的身体语言，在大多数情况下是一种无意识的自然动作，它来源于人先天的动物本能和遗传形态，同时也受一定文化习俗的后天熏陶。

学习研究身体语言，至少具有以下几方面的重要意义：

（一）学习各种符合社会规范的身体语言，使个人的身体语言社会化

每个人在婴幼儿时期就开始运用身体语言。最初运用的身体语言具有先天遗传的性质，仅仅表达人的基本感情和原始表情，如喜怒哀乐、饥渴痛痒等。随着年龄的增长，身体语言的学习范围扩大到后天习得的某些社会规范化的类型，如礼貌动作、卫生习惯等。有意识地学习身体语言，将促进个人身体语言的社会化，帮助我们获得社会的认同。

（二）了解他人的内心世界，领会对方表达的深层次心理信息

身体语言比有声语言更能真实地流露出人的情感和欲望。因此，首先在医学、文艺、公安等领域，掀起了研究身体语言及其丰富涵义的热潮。接着，语言学、传播学、美学，特别是各类管理学科，也相继开始关注身体语言而且越来越广泛地对此进行了研究与应用，从而更深入地了解了人的心理和生理，并且更有效地促进了本学科在各个领域中的广泛应用。

（三）帮助人们有意识地运用身体语言，使个人的事业获得成功

绝大多数身体语言是可以通过学习掌握并加以控制的。一旦学习和掌握了身体语言丰富的内容与各种形式，就能帮助人们从无意识到有意识，从家庭小范围到社会大环境，把握自己的身体语言，让它更有效地为个人生活、工作服务，从而取得成功。在演讲时，身体语言技巧的运用，会直接影响演讲的效果。自然、适度、灵活、优雅是对演讲身体语言的基本要求。在演讲中，身体语言有两种：站姿和坐姿。站姿比坐姿更具有表现力，而坐姿则要把听众的目光吸引到胸部以上，训练起来难度要更大些。

1. 头部语言的运用

如果不是表达的需要，演讲者的头部就一定要避免往一侧偏，也不要抬得过高或垂得过低。因为面对听众时，演讲者在众目睽睽之下会感受到一种视线压力，变得怯场。但是，演讲者是不能无视听众视线的。调整怯场心理的办法有两种：一是运用回避目光法；二是把自己的视线投向听众中频频点头的人，从而增强演讲的信心。大胆地将视线对准听众，你与听众之间才会营造出一种亲切交流的氛围。

“眼睛是心灵的窗户”说的是人的紧张、疲劳、喜悦、焦虑等各种情绪都会清楚地写在脸上。而复杂的面部表情会让听众留下极其深刻的记忆。如果表情单调、呆板，那么你的演讲也就毫无说服力可言。而且演讲时，表情切忌做作，初学演讲的朋友则要注意避免那些表示羞涩、胆怯或掩饰口误的消极表情。

当演讲内容变化时，头部也应该随之变化以辅助表达不同的情感。当表示希望、请求、祝愿和思索时，你可以把头部微微抬高，同时视线也随着上升；当表示羞怯、谦虚、内疚和沉痛时，你则要稍稍低头，视线下垂；演讲时，你的头部向前，表达的是同情和倾听，你的头部偏向侧方，则表现的是高傲和自信，等等。请记住，一定要根据内容来确定头部的不同状态。

此外，头部的运动也不能太频繁，幅度也不宜太大，而是要自然。自然的头部运动要伴随着颈部、背部和腰部的运动，并且要互相和谐一致。如鞠躬敬礼时，低头应配合弯腰，但不要让听众看到你的头顶。

2. 手势语言的运用

职业演说家通常都要训练自己的手势语言，而非职业演讲者在设计演讲时的身体语言时，考虑得最多的往往也是手。由此可见，手势语言在演讲中的地位是不容忽视的。在演讲中，不同的手势表达不同的情感与意愿。

手心向上常常表示风趣、幽默或坦诚、直率、奉献、许诺等。例如当讲到“从这里，我们又将踏上新的征途，去收获另一个金秋”这类演讲词时，你可以单手手心向上，从胸前缓缓向前方偏上的角度伸出；当说到“此刻，让我们伴随欢快的音乐，跳舞吧！”，你也可以两手手心向上，从胸前往前平伸，左右适度地分开。手心向下一般表示否定、抵制、反对、抑制或消失、宁静等。如当讲到“仁慈的人大声疾呼：‘和平！和平！’但是没有和平”的时候，你的手势语可以设计为两手手心向下，手掌有力而均衡地向两边划开，但肘部的动作幅度不能太大；当讲到“月光洒落在静静的小溪和树林上”这类演讲词时，你的手势语可以是单手手心向下，往前伸，然后从内向外缓缓移动，表现出月夜山野的宁静。

两手分开往往表示分离、消极的意义，可用在演讲词中表达悲伤，消极。如“从此，我们彼此将远隔天涯，在人生旅途上苦苦跋涉”等。

手心向外的竖势姿势总是表示对抗、分隔、矛盾或反对等。例如当讲到“我们从来不吃这一套”时，你可以一只手手心向外或成竖立状，用力向前推出。

握紧拳头表示团结、挑战、信心、警告等。例如，当讲到“我们将用行动向你们证明，我们是好样儿的”这类具有挑战、自信的演讲词时，你可以一只手握拳，拳心向内，有力地在胸前轻微振动。

在演讲时，你还可用双手高举、手掌摊开、掌心面对听众的手势语言来表达自己对听众的谢意。

当然，手势语言的表意非常丰富，在此无法一一列举说明。但对手势语言的基本要求是不变的，那就是：尽量简明凝练，不要多次重复而使演讲失去吸引力，不要喧宾夺主，从而削弱了有声语言的主体地位。

初学演讲者，大多不知双手该往哪儿放合适，那是因为害怕面对众多的听众所造成的。这时，你不妨在演讲开始时，以下列方式来处理两手的位置：一是把两只手轻松自如地垂放在身体两侧，稍有先后之分；二是可以用一只手握住演讲稿或者书本，或者麦克风等物品，这样有助于消除你的紧张，使你的手会放得更自然；三是当你的前面有讲台时，你可以把手轻轻地放在讲台上。其实，当你投入地去演讲时，手就不会不自然了。

初学演讲者的手大多会无意识地做出一些多余的或不雅观的动作，比如挖鼻子、捂嘴巴、摆弄钥匙、抚弄纽扣等，这些都是成功的演讲手势语言所不应该出现的。

3. 身躯语言的运用

在演讲过程中，身躯在大多数情况下是面向听众的。但也不是一成不变的，根据演讲内容的需要，你也可以侧身或后转身，但一定要整个身躯自然协调地运动，而且时间不宜过长。更不要只扭头而不转身，像个木偶。

如果你是站着演讲，不要将身躯倚在墙壁或讲台上。如果你坐着演讲，请不要左右扭动身体，也不要把全身紧靠在讲台上。这些姿势会让人觉得你软弱无力，无修养。

4. 腿、脚语言的运用

在演讲中，站立姿势以你自己感到自然、舒适为最佳。一般说来，这样的姿势是：两脚叉开站立成45度角，类似稍息的样子，但身体重心不变。在演讲过程中，你可以稍做走动，或者换换脚，但应进行得自然。运用手势语言时，一般要遵循“步行原则”，即手与脚不能同向，做左手手势时，右脚应在前，而做右手手势时，左脚应在前，这样才会有种平衡感。

采用坐姿演讲时，一般来说都有讲台遮住身体的下半部分，因此你就不需要再为腿和脚的姿势多费心思了。设计腿、脚的动作，应注意避免这几种失误：频繁地走动；一只脚站立时，另一只脚脚尖踮地或不停地屈膝抖动；两脚交叉；把腿压在椅子边上等。

以上谈到的仅仅是演讲时身体语言的一些一般性原则。初学演讲者主要应注意防止消极的破坏性的身体语言的出现，而不必一开始就刻意去追求一举手一投足都要完善和优雅。当演讲成为自己的本能习惯时，你就可以形成自己的身体语言风格，在演讲中展示真正的自我了。

演讲中的语言技巧

对语言的追求是一个方面，是一种基础，而对语言力度的掌握却远远超过了这种追求，那是如何让语言发挥其最大作用的一种途径，任何需要语言的地方，语言都很难以它最美的形式出现。

——高尔基

与用语言进行交流的任何方式一样，演讲同样需要遵循语言的一般规律。如合乎语法、讲究修辞等。但由于演讲者是在公众场合与众多听众进行面对面的直接交流，因此演讲更讲究视听结合的效果、情感参与的作用和临场应变的能力。

（一）形象、个性、口语

使听众的视觉愉悦，那么你的观点就更容易让听众接受。为了使演讲效果更好，演讲者除了应注意自己的外在形象和手势语言外，更应注意的是，演讲者要善于将抽象的哲理物化为活动的景象，让空洞的说教转化为鲜明的画面。

演讲要做到形象化，运用比喻和打比方是最有效的手段。如蔡顺华的题为《小狗也要大声叫》的演讲：

各位朋友，到这个讲坛演讲的，应该是曲啸、李燕杰、邵守义那样的大人物。我这个嘴上无毛的青年人站在这里，很不般配哟。（停顿，提高声调）

不过，我很欣赏契诃夫的一句名言："世界上有大狗也有小狗，小狗不应因为大狗的存在而慌乱不安，所有的狗都要叫！"小狗也要大声叫——就按上帝给的嗓门儿叫好了！今天，我这个自信的"小狗"，就来大胆地叫几声。

这新颖滑稽的开场白引起观众注意后，蔡顺华简单阐释了契诃夫比喻的本意，又很快从"小狗叫"引入了正题：

试想，一个单位、一个部门、一个地区乃至一个国家，倘若只充斥着极少数名家、权威和当权者的声音，虽不算"万马齐喑"，但群众，尤其是最富有创造力的年轻人的智慧和声音被压抑了，哪里会有真正的"九州生气"？

蔡顺华的演讲结尾更是围绕着"小狗叫"作了如下结论：

那些腹有经纶但阴柔有余、阳刚不足的奶油小生是不敢"叫"的；那些虽嘴上无毛但已深谙"出头椽子先烂"等世俗哲学的平庸之辈也是不敢"叫"的；响亮而优美的"叫声"，往往发自那些有胆识的开拓者与弄潮儿。如果我国的第一位"小狗"都发出了自己的"叫声”，那么地球也会颤抖的！

蔡顺华的演讲，通篇利用了“小狗叫”这生动、新奇又幽默的比喻，贯穿始终，使听众在轻松的气氛中接受了一个普通而又严肃的话题。使演讲通俗形象，道理深入浅出，还可选用生活中的实例来证明论点。

某些演讲需要运用数据说明问题，但仅仅把一连串枯燥的数据抛向听众，就会影响现场活跃的气氛。

要想不理会充满形象的演讲，就好像要求歌迷对自己心中的偶像在舞台上精彩的表演不能喝彩。法国哲学家艾兰曾说：“抽象的风格总是差的，在你的句子里应该充满了石头、金属、椅子、桌子、动物、男人和女人。”这就道明了应选用形象化的语言。

世界上没有个性完全相同的两个人，就如世界上没有完全相同的两片树叶一样。演讲者曾力求演讲出自己的风格，创造出独特的“讲”。每个演说家都有自己的风格。如鲁迅先生是分析透彻、外冷内热、富于哲理的演讲风格；郭沫若先生是热情洋溢、奔放跌宕、文辞华美的演讲风格。这就是继形象化后的又一演讲技巧——个性化。

演讲的个性与演讲者自己的个性密切相关。每个人的个性形成与人的性别、年龄、生活环境、生活经历、文化修养、气质、职业等因素有关。如一位女药剂师在第一次品尝啤酒时，脱口而出：“哎哟，就像喝颠茄合剂一样！”女药剂师的职业敏感使她把啤酒和颠茄合剂联系在一起，而不像一般人把啤酒比喻为潲水。

当演讲者的个性与演讲词的风格不一致时，演讲者的演讲是很难动情的，也很难感染人。演讲者文化层次很低，大谈一些极其深奥的哲理，只能是囫囵吞枣地背诵，而即使背诵出来也只显得极其牵强；平时很严肃的演讲者，生硬地念充满幽默情趣的演讲稿，总会显得不伦不类。与其这样，不如用符合自己气质、个性的语言进行演讲。

演讲风格的个性化还体现为演讲中所涉及人物的个性。对于演讲中涉及的人物个性，不应是一种平白的交代，而要通过生动刻画、语言模拟等手法充分展现。

某些演讲，即使对其立意和材料挑不出毛病，而且从某种意义上来说，还是绝妙好词，但就是不能给观众留下深刻的印象。原因何在呢？其根本就在于演讲者没有把握住演讲词的风格，或者演讲者的个性与演讲词的风格迥异。演讲并不是任何人拿着演讲稿上台照念一遍就行了，还要注意其鲜明的个性，适当采用语言模拟、神态模仿等手段。

在演讲中，不仅要注意语言的形象化、个性化，还要注意演讲语言通俗易懂。若要使每一句话都深入人心，这就必须讲求语言的口语化。听众是否清晰地接受了演讲者的话是演讲是否成功的先决条件。

演讲语言不同于书面语言，听众在现场中不可能有余暇去理解某些生僻的词语和隐晦的意思，更不可能像阅读文章那样进行多次的反复领会。口头语言的接受特点就决定了演讲语言的特点既要清楚明白、生动形象，同时又具有较强的感染力。

文化层次较高的演讲初学者，往往容易写成很书面化的演讲词。如以下的两段演讲词摘录：

1.《阳光是一种语言》

早晨，阳光以一种最透彻、最明亮的语言与树木攀谈。绿色的叶子立即兴奋得颤抖，通体透亮，像是一页页黄金锻打的箔片，炫耀在枝头。阳光与草地上的鲜花对语，鲜花便立刻昂起头来，那些蜷缩在一起的忧郁的花瓣，也迅速伸展开来，像一个个恭听教诲的学子。

我们的学校便是阳光的象征，它是一座充满生机与活力的“阳光大厦”，而我们则是等待着阳光笑容与照耀的鲜花，一群朝气蓬勃的阳光学子。

然而有时明朗的日子，我们不会留意阳光；普照的阳光，有时像是对大众演讲的演说家，我们不理解，这正如学校安排的每一次计划，我们不能全部理解；学校对双休日时间作出的合理调整，有些同学不理解一样。面对阳光的语言，我们仿佛充满了疑惑与不解。

但这次是我们错了。殊不知，阳光动听的声音，却是响在暗夜之后的日出，严寒后的春天及黑夜到来前的黄昏。这些时候阳光都会以动情的语言向你诉说重逢的喜悦，友情的温暖和那因多少失败的磨炼后收获的成功。阳光一直在无微不至地关怀着每一朵鲜花，每一棵小草，争取以自已最明亮、灿烂的笑容面对这可爱的生灵。

2.《母爱无边》

春天已经悄悄地来到我们身边，春风轻轻地吹红了花，春雨也静静地润绿了叶，朝气蓬勃的我们正像那红花绿叶一样鲜活，一样有生命力，而又有谁曾想到过是谁做了那春风春雨默默地滋润着我们呢？

阅读了这两段演讲词后，可以感觉到演讲者确实煞费苦心。《阳光是一种语言》侧重于宣泄内心的情感体验；《母爱无边》则努力追求感情。但是，这两段演讲词的演讲效果都不好：听众都会因迷失在众多的长句和深刻的思辨之中去而无暇接受演讲者的观点。抛开其他方面的缺陷不说，这两段演讲词书卷味很浓，更适合“看”而不适合听。

对于初学演讲者来说，一定要掌握书面语和口语的分寸。如果不是为了特别的修辞需要，写演讲词时，须遵循以下几条建议：

第一，尽量使用短句，少用长句，以保持语意之间足够的停顿；

第二，尽量使用清晰明快、言简意赅的语词，少用生僻、晦涩的古词或专业性强的术语。毛主席的《矛盾论》就是简明的例子：

为什么鸡蛋能够转化为鸡子，而石头不能转化为鸡子呢？为什么战争与和平有同一性而战争与石头没有同一性呢？为什么人能生人不能生出其他的东西呢？没有别的，就是因为矛盾的同一性要在一定的必要条件之下。缺乏一定的必要条件，就没有任何的同一性。

毛泽东选用了最通俗易懂的词语，使深奥的哲学问题变得简单明了。

“体面”与“堂皇”“驼背”与“佝偻”“寒冷”与“凛冽”等几组近义词或同义词，每组的后一个词语更书面化，能体现使用者的文化素养，但在一般情形的演讲中，使用后一个则不如前一个。而你若面对的是文化素质极高的听众，那使用后一个的效果可能会更好些。因此演讲语言的使用原则必须根据具体情况而定。

要使演讲语言达到一个完整的统一体，就必须同时具备形象化、个性化、口语化三个条件，因为它们彼此之间存在着必然的联系而不是静止孤立的。任何一个演讲者如果考虑到了这三个因素的重要性，并运用到演讲中，那他就具备了成为一个成功的演说家的先决条件。因此，对于初学者来讲，切不可想当然而为之，要把理论的学习和实践结合起来才能达到演讲成功的彼岸。

（二）幽默、迂回、悬念

在《演讲入门》中约翰·哈斯灵写道："幽默是演讲者与听众建立友好关系的最有效的手段之一。当你讲得听众眉开眼笑的时候，他们也就主动地参与了思想交流的过程。"哈斯灵总结了幽默在演讲中的作用：建立友好关系和促进思想交流。幽默的运用很讲究技巧与方法，下面简单介绍几种构成幽默的方法：

1. 故意夸张法

丰富的想象可表现为夸张，夸张就是扩大或缩小事物的形象、特征、作用，以强化语言的表现力，可构成幽默。

美国总统里根在竞选演讲中曾这样抨击物价上涨：

夫人们，你们都知道，最近，当你们站在超级市场卖芦笋的柜台前，你们就会感到，吃钞票比吃芦笋还便宜一些。

你们还记得当初你们曾经认为没有什么东西可以代替美元吗？而今天美元却真的几乎代替不了什么东西了！

里根通过对美元贬值的夸张，激起选民们对物价上涨的强烈不满，对当政者的不满，从而达到选民们支持他的目的。

2. 去"包袱"法

中国相声常用"设包袱""抖包袱"来构成幽默。演讲可以借鉴相声"丢包袱"这一表演手段，通过风趣的解答构成幽默。

3. 移花接木

当甲乙环境互换和甲乙词语互换时，都有令人捧腹的幽默效果。在《论男子汉》的演讲中，演讲者就大量运用了"大词小用"（移花接木）幽默法：

我选择了这样一个演讲题目《论男子汉》(掌声)。掌声证明了，这是一个真正时髦的问题(掌声、笑声)。广大的女同胞和男同胞，都在积极地做这一时髦的促进派，呼声渐高，浪头一天比一天大，标准一天比一天高，要求一天比一天严，大有让所有的男性公民脱胎换骨、重新做人之势。著名演员刘晓庆说："做女人难，做一个名女人尤其难。"我说，做男人难，做一个男子汉尤其难也。(笑声、掌声)……而要成为一个男子汉，最能立竿见影的，大概就是所谓的物理方法了：穿一双中跟鞋，增加些"海拔高度"；(笑声)留一撮小胡子，显出些粗犷；着一条牛仔裤，添几分潇洒……

"脱胎换骨、重新做人""所谓的物理方法""海拔高度"等词语，大大增强了演讲的幽默效果，为演讲掀起了一个又一个的高潮。

4. 如实陈述

对生活中的可笑之事，照原样讲述，就能达到幽默效果。

有一位著名演讲家在一次演讲中，就运用了如实陈述的幽默法：

一个机关请我去讲一讲机关的常用文，即怎样写总结、简报、调查报告等。上课时，我就当众读了一些文章中的病句……其中有个表扬老师傅的："某某从苦水中长大，对党一直十分热爱，长期的耿耿于怀。"再一个："某某同志逝世了，我们全厂同志化悲痛为力量，真叫作穿着孝衣拜天地，悲喜交加。"……

这样的如实陈述，使听众席上的气氛极为活跃，于是演讲也就不难成功了。在幽默技巧的运用中，要注意，材料和语言不能庸俗、低级；幽默要紧扣主题，分量适当，切莫喧宾夺主。

当然，在演讲中通过幽默与听众建立友好关系和促进思想交流的方法远不止以上四个方面，一个成功的演讲家往往能即兴通过幽默调动听众的思想感情，而且做得恰到好处。读者必须明确真正的幽默是来源于广博的知识和敏锐的洞察力，而并非哗众取宠。

有时演讲者并不直接阐明演讲主题而是以说反话、先贬后褒等手法，迂回达到演讲主题，这就是所谓的迂回法。这种手法往往能达到“山重水复疑无路，柳暗花明又一村”的演讲效果。

5. 悬念法

所谓悬念法就是指在演讲过程中提出一个听众极为关心的问题后，并不解答，听众又急于想知道问题的答案，从而调动听众的兴趣，让听众参与到演讲中去。设置悬念是一种有效的演讲方法。某大学举办写作知识讲座，老师在讲到细节描写时，首先设置了一个悬念：“请问同学们，男生和女生回到宿舍时，摸钥匙开门的动作有什么不一样呢？”听讲的学生立即活跃起来，有的小声议论，有的抢着回答，有的干脆模拟自己回宿舍找钥匙的动作。主讲教师接着说：“据我观察，大多数的女生在上楼梯时，手就在书包里摸摸索索，走到宿舍门口，凭感觉捏住一大串钥匙中的那一片钥匙，往锁孔里一塞，门就打开了。而大多数的男生呢？他们匆匆忙忙地跑到宿舍门口，‘砰’的一脚或一掌，门不开，于是想起找钥匙，把钥匙片往锁孔里一塞，打不开，原来钥匙片又摸错了。”

这一番描述，引起了同学们会意的笑声。教师于是又总结道：“把男女生回宿舍摸钥匙开门的动作描述出来就是一处细节描写，而细节描写的生动又来源于对生活的细致观察。”这位教师先巧设悬念，让学生积极参与到这个讲课的过程，然后再利用解答悬念抛出知识点，取得了很好的教学效果。

1918年11月，在第一次世界大战结束后，李大钊先生在北京学生的集会上，发表了著名的演讲《庶民的胜利》：

我们这几天庆祝胜利，实在是热闹得很，可是胜利的究竟是哪一个？我们庆祝，究竟是为哪个庆祝？我老老实实讲一句话，这回取胜的，不是联合国的武力，是世界人类的新精神，不是哪一国的军阀或资本家的政府，而是全世界的庶民。我们庆祝，不是为哪一国或哪一国的部分人庆祝，是为全世界的庶民庆祝，不是为打败德国人庆祝，而是为打败世界的军阀主义庆祝。

李大钊先生利用悬念引起听众的深思，然后再深刻地揭示这场战争胜利的伟大意义。这比枯燥的说教更能震撼观众。

（三）称谓、节奏、简练

1. 称谓

“你、你们、我、我们”是最常用的称谓，在演讲中，这些称谓运用得是否得体对演讲的成功有着较为密切的联系。若将“你”与“你们”使用得当，就能集中听众的注意力，因为它时刻提醒着听众去维持一种我是参与者的心理状态，因此有利于拉近演讲者与听众的距离，进而使演讲获得成功的概率更高。例如一篇题为《硫酸与我们的日常生活密切相关》的演讲：

如果没有了硫酸，汽车将无法行驶，你必须像古代人那样骑马或驾驶马车，因为在提炼汽油时，必须使用硫酸。在你还没有和你的毛巾打交道之前，毛巾就已经和硫酸打过交道了，你的刮胡子刀片也必须浸在硫酸中处理……

但如果“你、你们”使用得不恰当，又可能造成彼此之间的心理鸿沟。例如，在一次学术讨论会上，一位语言学家做了这样的开场白：“刚才几位同志的报告都很好，如果把你们的讲稿没收，你们还能不能讲得这样好呢？”“你们”一词拉开了这个语言学家与其他人的心理距离，有一种居高临下的语气，于是，激怒了其他的语言学家，他们私下议论：“把我们的讲稿没收，我们都讲不好？怎么，把你的讲稿没收，你就能讲好啦，你也太狂了吧！”

其实只要将开场白中的“你们”换成“我们”就行了。

据心理学家统计，精神病患者是使用“我”的频率最高的人。演讲者如果频繁使用“我”，听众会感觉你是个以自我为中心的人，那么你的演讲就不会受欢迎。此外，在演讲中，特别是学术讨论中，如果需要谦虚地表述个人的新观点时，就可以使用“我们”，听众会因你的谦虚而乐意接受你的观点。

2. 节奏

演讲抑扬顿挫是节奏的主要体现。如果没有节奏变化，听众就会昏昏欲睡。著名演讲理论家费登和汤姆森曾说：“关于演讲速度，所应遵守的主要原则，就是随时注意变化。”

演讲中需要慢的地方有：重要的事情、数据、人名、地名，极为严肃的事情，悲伤的感情等等。演讲中需要快的地方有：人人皆知的事情，精彩的故事进入高潮时，表达欢快的情感等。

停顿（沉默）是控制节奏、吸引听众注意力、调节现场气氛的一种重要方法。俗语道：“沉默是金”，便是强调了沉默在某些场合的重要性。以下是几个沉默的实例。

美国前总统林肯是一个很善于运用沉默技巧的著名演讲家。当林肯说到某项要点时，会倾身向前，有时直接注视听众达一分钟之久。这种沉默比大声疾呼更有力量。采用这一手段，听众的注意力被高度集中起来了。爱因斯坦应邀到日本某大学访问，不善言辞的校长竟然在欢迎仪式上紧张得忘了欢迎词。他沉默了很久，才讲出一句话："爱因斯坦博士万岁！"

全体集会者在焦急的等待之中，校长那异乎寻常而又发自肺腑的呼喊把大家感动得热烈鼓掌。爱因斯坦更是热泪盈眶，与校长紧紧拥抱在一起。教师对沉默的作用体会最深。一次上语法课，同学们在下面讲，老师在上面讲。老师一再提醒同学不要讲话，但没有作用，最后老师笑着说："我尽量与同学们配合默契。同学们说话的时候，我就不说了；同学们不说了，我再接着说。"同学们在哄堂大笑中也意识到了自己的不礼貌。此后，课堂上讲话的人明显减少。

3. 简练

马克·吐温针对"演讲是长篇大论好呢还是短小精悍好？"这个问题讲了一个故事：

有一个礼拜天，我到礼拜堂去，适逢一位传教士在那里用哀怜的语言讲述非洲传教士的苦难生活。当他说了5分钟后，我马上决定对此事捐助50元；当他接着讲了10分钟后，我决定把捐助的数目减少5元；当他继续滔滔不绝讲了半小时后，我又在心里减到35元；当他再讲了一个小时，拿起钵子向听众哀求捐助并从我面前走过的时候，我却从钵子里偷走了两元钱。

他形象地回答了演讲需要简练。演讲语言提倡口语化和通俗化，但并不是纵容语言的冗长和啰唆。冗长和啰唆既影响表达效果，又会使听众生厌。演讲语言的冗长和啰唆主要是以下原因造成的：

重复论证。如1933年，美国参议员爱兰德尔，为了反对通过“私刑拷打黑人的案件归联邦法院审判”的法案，在参议院发表了长达5天的马拉松演讲。有记者统计：爱兰德尔在讲台前踱步75公里、做手势1万个、吃夹肉面包300只、喝饮料46升。但他这次演讲并未达到他预期的效果，原因在于他用了琐碎的事例重复论证。

废话过多。有些演讲者在演讲时东拉一句，西扯一句，抓不住要点，思维混乱，逻辑不严密。其演讲只不过是废话的大集合，还有什么魅力可言呢？

打官腔。有些身居要职的官员，喜欢说套话。在演讲中，貌似流畅、得体，实则空洞无物，令人生厌。有人曾入木三分地总结了这类官场语言：同志们，对于我们的工作，我们应该肯定该肯定的东西和否定该否定的东西。我们不能够只知道肯定应该肯定的，却不知去否定应该否定的；也不能只知道去否定应该否定的，却忘了去肯定应该肯定的；更不能去肯定应该否定的，而否定应该肯定的。

反复客套。反复地客套如“我水平有限，肯定有讲错了的地方，请大家多多指教”“对这类问题我缺乏研究”等，使听众觉得你这种“老生常谈”大煞风景，令人厌恶。

总之，在演讲语言的技巧方面，我们应该牢记“人类的思考越少，废话就越多”这句名言。

演讲中表情达意的技巧

表情达意在演讲中的作用无非是将演讲内容和精神传递给听众，好比一座桥连接两座山或两个码头一样。

——马克·吐温

人们在生活中与外界接触、发生联系，方式是各种各样的，总的说来，有四种方式：一是通过我们所做的事；二是通过他人对自己的看法；三是通过我们自己说的话；四是通过我们讲话时的表情与态度。每个人是借着这四种方法与外界沟通，进而得到一种综合评价的。

戴尔·卡耐基在这方面既是实践者，又是理论家。他说："在刚开始办说话讲习班的时候，我花了许多时间来训练学员说话的声调。训练这种以声音表达思想的技术，需要花费三四年时间。后来我才发现，让学员用天生的音色进行练习，即能很快解除他们自身的压抑与紧张，远远比花费许多的时间和精力去学习横膈膜呼吸法要有效得多。所以我们便采用了这种神速且具有持久性效果的训练方法。"戴尔的意思是说人在说话、演讲的时候为了表情达意，运用了很多器官。

消除紧张的技巧

演讲的最大障碍就是紧张。紧张是一种生理现象，分为肉体的紧张和精神的紧张。演讲中的紧张属于精神紧张，也是每位演说者必须克服的心理障碍。因此，初学演讲的人必须消除紧张，它可以通过演讲训练的方法来实现。演讲训练可以使演讲者在听众面前自然、平静。你一旦突破自我的束缚，像面对朋友一样自然大方地走上讲台与观众朋友倾心交谈，你就会发现这个世界正张开双臂欢迎你，你与世界融为一体了。

一、消除紧张，留住自然

（一）消除紧张情绪

在演讲训练过程中，必须处处留意自己，使自己像一个无忧无虑的小孩那样无拘无束地表现自己。做到说话自然，热情而不矫揉造作，平和易懂而又不呆板。为了使训练效果更佳，你应该想象自己是身临其境，面对观众听众。只有坚持做这样的练习，你才能消除演讲时的紧张，到最后演讲时，你便可做到“被人偷袭也能立刻还击”，而且自然得近乎“反射性”地说话。

此外，练习演戏也能有效地消除演讲时的紧张。在练习中，常常要求自己把小说、戏剧中的对白部分作为演讲的材料，并尽量使自己进入角色。如果在许多观众面前能脱去自己的“面具”，那么不论在任何场合你都能毫无顾虑地表现自己，从而体味到一种表达的自由，好像蔚蓝的天空中一只自由自在飞翔的小鸟一样。

（二）秉持本色

世界上从来没有两个完全相同的人。每个人都有其各自独特的个性，这种个性使你与其他人不同，也是你赖以生存的条件。

说话也是这样。当你面对听众时，你应该尽量表现自己独特的个性。一个富有健康个性的说者，才会受到听众的欢迎。也许两位演说者演说的内容完全一样，但由于表现形式不同，其效果就会相差甚远。造成不同的原因，除了语言、音调之外，还包含演说时的表情态度。你用何种方式去说，其实在某种程度上比你说什么还要重要得多。英国有一句古老的格言："你说话内容的有无并不重要，重要的在于你的表达方式。"

也就是说，你的个性会增强你的演讲效果。虽然每个人都和你一样，只有两只眼睛、一个鼻子、一张嘴，但没有人和你长得一模一样，也没有人和你的性格、处世方法、气质等完全相同，更没有人能和你一样自然地表达自己的思想与感情。这表明你是个有独特魅力的演说者。你的个性是你最宝贵的财产。所以你要保持本色，不要去模仿别人，更不要使自己受固定模式的束缚。简而言之，你不但不能抛弃自己独特的个性，而且应该充分展现它的魅力。只有这样，你的演讲才会让人觉得真实，才会对听众产生持久的影响力，你也才真正是你自己。

二、建立自信的技巧

恐惧是许多人不能较好地进行演讲的主要心理障碍，那么，如何搬掉这一"绊脚石"，充满自信地走上讲台，使我们的演讲才能充分显示出来呢？这就是建立自信的技巧问题，你不妨试用以下方法：

（一）自我鼓励法

演讲者首先要对自己的演讲充满信心，在精神上鼓励自己成功。演讲者可用如下语言反复鼓励自己，比如"我的演讲题材很有吸引力，听众一定会喜欢""我的口才很好，我一定会成功""我准备得很充分了"等等。

演讲者在演讲前不应过多考虑演讲失败的后果，如"我演讲差了怎么办”“听众乱起哄怎么办”这种负面的自我暗示往往会影响演讲效果。应努力做到“放下包袱，轻装上阵”。

现代心理学实验表明，若由自我鼓励、暗示产生了学习及工作的动机，那么即使这动机是强装的，也是学习、工作取得良好成绩的有效措施。

（二）要点记忆法

初学演讲者往往把能够背诵演讲稿认为是充分的准备。熟读记忆，对于初学演讲者来说可能是一种必要的准备手段，但如果只是机械记忆，那么不仅会耗费演讲者大量时间，而且容易形成演讲者的心理疏忽。实际演讲时，如果因怯场、听众情绪波动、设备故障等突发事故打断演讲者的思路，机械记忆的链条就会被截断。于是演讲者便会处于记忆的空白状态，或者思维短路，导致演讲无法继续下去。此外，单纯的背诵还极易形成机械的背书节奏，并且不能灵活运用恰当的手势语，不能根据观众情绪适时调整自己的节奏、情绪，使演讲呆板、乏味，而丧失了演讲应该具有的战斗性和人性味。

丘吉尔是英国著名的政治家、演讲家，年轻时也曾依靠背诵演讲稿发表演说。在一次国会会议的演讲中，丘吉尔突然忘记了下面的内容，他不断地重复仍然无济于事，最后只得挫败地回到座位上。从此，丘吉尔放弃了背诵演讲稿的准备手段。

在演讲中，以采用提纲要点记忆法为宜。首先，就有关演讲的主题、论点、事例和数据整理成方便翻阅的卡片，然后针对演讲稿进行比较和适当的补充，整理出一份简略的提纲，并在提纲里注明各段的小标题，最后在各段的小标题下按序补充重要的概念、定义、人名、地名、数据和关键性词语。

至此，一份演讲提纲即算基本完成。在整理和编排的过程中，演讲者应反复思考和熟悉自己的演讲内容，而演讲时仅仅需要将该演讲提纲作为提示记忆的依据即可。

（三）试讲练习法

试讲练习可纠正语音，矫正口型，锻炼遣词造句能力，又可训练形体语言。演讲者可以自选一个演讲题，或模仿名家的演讲，在静僻处独自练习。著名演讲家，美国第16任总统林肯，年青时代经常独自一人对着森林或空旷的原野模仿律师、传教士演讲，并反复练习。

在参加正式的演讲或比赛规格较高的会议上发表讲话之前，也有必要进行试讲。这种试讲最好请一些朋友同事充当听众，一是可以增加现场气氛，二来可以听取接受一些好的意见和建议。

试讲练习可以帮助演讲者拥有充分的自信心，避免因准备不充分或不适应演讲环境而引起的惊慌失措。

（四）情绪调节法

适度的深呼吸有助于调节紧张、烦闷、焦躁等情绪。当演讲者在临场时出现怯场反应，可以运用深呼吸法进行调节。即：使全身放松，双眼望着远方，做绵长的腹式深呼吸，同时，随呼吸节奏心中默数“1，2，3……”。

（五）目光回避法

刚学演讲的人往往害怕与听众进行眼神交流。因为一看到听众的眼神于自己不利，就会心慌意乱，而无法继续演讲下去。于是出现了侧身、仰望、低头等影响演讲效果的不正确姿势。因为，演讲要求演讲者正视听众，这既是出于一种礼貌，又是演讲者与听众全方位交流的需要。拉近演讲者与听众的距离，是演讲成功的必备条件。刚学演讲的人不妨采用虚视方式处理自己的目光，将视线移至演讲场后排上方，以回避听众的目光，让目光在会场上方缓缓流动。这种方式既能避免演讲者与听众目光对视所产生的局促和窘迫，又能给听众留下演讲者稳重大方的印象，使演讲获得成功。

三、应用：兰博士的抗怯场练习

（一）追蝴蝶练习

在登台前最后一刻做，效果最好。

1. 双脚开立，与肩相齐，膝微屈，挺背，双臂放松垂于身体两侧。

2. 不必刻意呼吸，边叫“呜”边做蹦跳，一共 10 次，尽量用力，“呜”声要短、急、用力。每次做完“呜”，双拳向下猛砸。

3. 放松闭嘴，缓慢深呼吸。

4. 嘶嘶吸气，微张嘴，弯腰至膝，蹲于地。

重复 3 遍，做缓慢深呼吸。

（二）摇来摆去练习

1. 双腿分开站立（与肩相齐），同时摆动身躯、脖子和头，先向右，再向左。

2. 让双臂自由摆动，随身体转来转去，最后双臂放松地围住双肩。

3. 你在摆动时，尽可能大声叫：“我不在乎！”

4. 如此反复，也可叫：“不，我不在乎！”或“你奈我若何！”重复几十次。

（1）身体摆动时，保证头随身子转。

（2）尽可能轻松自在地去做。

（三）空手劈柴练习

1. 双足分开约 40 厘米，屈膝。握拳，手放两边。嘴唇紧闭。深呼吸 3 次后抬臂高举过头。

2. 哗啦一声，双手有力地劈下，并尽可能放喉大声叫喊："哈哈哈哈哈哈哈哈！"（屈膝）

3. 尽可能用劲地重复 5 次。

（四）劈柴动作练习

1. 两腿分开 40 ~ 45 厘米，脚尖向前，两膝轻松放直，攥紧双手。

2. 吸气，摆动紧握着的手，高抬过头。

3. 把举起的手摆下来，猛向前屈，吐气。手下来时，大叫一声"哈"。（屈膝）

4. 吸气，再举手。

5. 重复上述动作，做上 10 次或 20 次。

注意：吸气时要闭着嘴，直到你的手下摆时叫"哈！"这样就可吸进更多氧气，练习就更有效。

（五）蒸汽机练习

1. 双脚与肩齐，站在那里，屈膝，将头抬起，闭嘴，右臂后拉，左臂前伸，尽量用力。同时深呼吸。

2. 左右臂换个方向，重复上述动作。节奏要平稳。

3. 开始要慢，随后要越来越快，持续做 3 ～ 5 分钟。记住：闭着嘴！

（六）心怀世界练习

1. 吸气，感觉你像是在扩张，张开双臂，拥抱整个世界。伸展四肢，感觉你的心脏是世界的扩充与展开。你不再是单纯的一个生命体。

2. 至少坚持一分钟以上，让世界置于你的怀抱中，手放胸前，双手轻抵。

3. 如此做上 4 次，把消极的意念都去除掉。努力去喜欢它，把它容纳进来，把它放在心上，化恨为爱。

（七）减压练习

1. 站在门槛上，手掌挤着两边门框，鼓气用力。面部、头部、脖子会有热血上涌。尽量多坚持一会儿。

2. 突然完全放松。

3. 深呼吸。

4. 重复 3 遍。

第三章

竞选、竞聘演讲

竞选演讲的适用范围

竞选演说是政治家登上历史舞台的第一步，如美国的总统在通往白宫的路上，时时伴随着演讲。美国总统除最初的几届外，其余的无一不是在竞选中产生，因此，若不具备高水平的口才，绝不可能在四年一度的竞选中战胜对手，也肯定当不了总统。

例如第 26 任总统罗斯福是一位健谈家。他 1945 年 4 月 12 日在工作中猝然而逝，他生命中最后的工作便是撰写一篇题为《在杰弗逊纪念日上的演说》的准备稿，此稿即是有名的“罗斯福未竟演说稿”，它将长留演说史册。

在竞选活动中，大至一国总统，小至一厂之主、一乡之长，或某个团体负责人，都是有抱负的人一展雄才，此时是表现才干和管理能力的好机会。

例如，一位考进某所经济管理学院的学生在学生会主席竞选大会上演讲。在他演讲之前，几位竞选的同学都谈到自己辉煌的过去。他一上台，向大家问好后，接着讲：

和刚才几位同学不同，我的往事“不堪回首”，也有曾经属于自己的辉煌，但都已经成为渐渐淡漠的记忆。××年夏踏进这方热土的时候，就相信：“抛弃过去，才能够拥抱未来。”告诉自己要诚心待人，自强不息。

如今两年时间过去了，在走过的路上或多或少地留下了几许遗憾，但至今不悔的是：真诚待人的自己拥有了那么多真诚待己的朋友，让我常常为得到的支持和关心而感动更愿以自己的真诚与执着加倍地报答别人。

作为经院八百莘莘学子中的一员，我为自己是经院人自豪，也更愿为此负起属于自己的那份责任。这，就是今天我站到这里来的初衷。

记得上届学生会竞选的时候，有位候选人曾经响亮地问自己：“我是该安静地走开，还是勇敢地留下来？”

结果，他勇敢地留了下来。今天站在这里，我想告诉大家的是：我真诚希望自己也能够留下来，即使面对失败的苦涩，也不会负气“安静地走开”，因为，我是经院人。谢谢大家！

竞选演讲稿的写作要求

竞选演讲是竞选者为了实现竞聘目的而发表的演说。竞选演讲的作用主要是制造舆论，推介自身，争取选民。随着我国民主政治进程的加快，这种演讲形式将会被广泛采用，更加显示出它的重要作用。

一、竞选演讲稿的结构

1. 标题。大体有三种形式，一是公文标题法，即由竞选人加文种组成，或由竞选职务加文种组成；二是文种标题法，很简单地标出“竞选演讲”；三是运用正副标题法。

2. 称谓。对竞选主管人员或主办单位的称呼。

3. 正文。首先写清竞选的原因和愿望；然后写明自己所具备的应聘条件，包括学历、资历、政治思想、业务水平等各方面的客观条件；最后表明自己竞选的决心和信心，请求主管单位考虑。

二、竞选演讲稿的特点

（一）气势要先声夺人

竞选演讲的一个重要特征就是具有竞争性，而竞争的实质，是争取听众的响应和支持。而做到这一点的有效方法之一，就是要有气势，“气盛宜言”。这气势不是霸气，不是骄气，不是傲气，而是浩然正气。有了渊博的才识、正大的精神，以及对事业和人民的深厚的感情，作者就不难找到恰当的语言表达形式。

（二）态度要真诚老实

竞选演讲其实就是“毛遂自荐”。自荐，当然应该将自己优良的方面展示出来，让他人了解自己。

但要注意的是，在展示时，态度要真诚老实，有一分能耐说一分能耐，不能为了自荐成功而说大话，说谎话。

（三）语言要简练有力

老舍先生说：“简练就是话说得少，而意包含得多。”竞选演讲虽是宣传自己的好时机，但也决不可长篇累牍。应该用简练有力的语言把自己的思想表达出来。

（四）内心要充满自信

著名演说家戴尔·卡耐基曾说过：“不要怕推销自己。只要你认为自己有才华，你就应该认为自己有资格担任这个或那个职务。”

当你充满自信时，你站在演讲台上，面对众人，就会从容不迫，就会以最好的心态来展示你自己。

当然，自信必须建筑在丰富的知识和经验的基础上。这样的自信，才会成为你竞聘的力量，变成你工作的动力。

竞聘演讲的适用范围

竞聘演讲的目的是演讲者为了能够竞争上岗，通过演讲的形式向听众表现自己的形象、阐述自己的理念以及表示自己的决心，从而让听众了解自己，选择自己，最终得以赢得竞聘的胜利。一般的企事业单位的领导或者职员大都是要竞聘上岗的。

竞聘演讲必须客观。竞聘演讲就是在向听众推销自己的活动，这种推销要建立在真诚的基础上，要实事求是，不能弄虚作假，不要做不能实现的承诺。同时竞聘演讲是和其他的竞争演讲者应当在真实客观的基础上进行，要扬长避短展现自己的独特魅力、不进行人身攻击。

竞聘演讲稿的写作方法

一、竞聘演讲稿的开头方法

竞聘演讲的时间是有限制的。因此，精彩而有力的开头便显得非常重要。有经验的竞聘者常用下面的方法来开头：

（一）用诚挚的心情表达自己的谢意

这种方法能使竞聘者和听众产生心理相融的效果。例如：我非常感谢各位领导、同志们给了我这次竞聘的机会。

（二）简要介绍自己的有关情况

介绍如姓名、学历、职务、经历等个人情况。例如：我叫 ××，×× 年毕业于 ×× 大学社会学系，×× 年加入中国共产党，现任社会学教研室副主任。

（三）概述竞聘演讲的主要内容

这种方法能使评选者一开始就能明了演讲者演讲的主旨。例如：我今天的演讲内容主要分两部分：一是我竞聘人事局副局长的优势；二是谈谈做好人事局副局长工作的思路。

（四）竞聘演讲稿的主体内容

竞聘演讲的目的，就是要把自己介绍给评选者，让评选者了解你的基本情况，了解你对竞聘岗位的认识和当选后的打算。所以，竞聘演讲的主体内容应该包括以下几方面：

1. 介绍自己应聘的基本条件

所谓基本条件就是政治素质、业务能力和工作态度等。这一部分实际上是要说明为什么要应聘，凭什么应聘的问题。

竞聘者在介绍自己的情况时，一定要有针对性，即针对竞聘的岗位来介绍自己的学历、经历、政治素质、业务能力、已有的政绩等等。并非要面面俱到，而应根据竞聘职务的职能情况有所取舍。

2. 简要介绍自身的不足之处

竞聘者在介绍自己应聘的基本条件时，要尽可能地展示自己的长处，但不是对自身的不足之处闭口不言。请看某竞聘者的表述：

我从没有担任过班干部，缺少经验。这是劣势，但正因为从未在“官场”混过，一身干净，没有官相官态，官腔官气；少的是畏首畏尾的私虑，多的是敢作敢为的闯劲。正因为我一向生活在最底层，从未有过高高在上的体验，对摆官架子看不惯，弄不来，就特别具有民主作风。因此，我的口号是“做一个彻底的平民班长”。

3. 表明自己任职后的打算

评选者更关心的还是竞聘者任职后的打算。因此，竞聘者在竞聘演讲时，一定要用简明扼要的语言亮明自己的观点，也就是说，要紧紧围绕着听众关心的热点、难点问题，提出明确的工作目标和切实可行的措施。请看某老干部处副处长职务竞聘人的演讲：

总结我自身的情况，我认为我有条件、有能力胜任副处长的工作。如果我能竞聘成功，我将做好以下几项工作：

首先，协助处长继续做好老干部工作。解决老干部急需解决的问题。如老干部的政治生活待遇问题，老干部的晚年教育问题。

其次，积极组织老干部开展积极健康的文化和健身活动，使他们老有所乐。

第三，积极开展家访工作，特别是要加强对孤寡老人的服务工作，安排工作人员与他们结成帮助对子，使他们感受到组织的温暖。

第四，设立一个处意见箱，了解老人的思想状况，了解他们的需求，并将了解到的情况，及时向局领导汇报，并及时解决问题。

二、竞聘演讲稿的结尾方法

好的结束语能加深评选者对竞聘者的良好印象，从而有利于竞聘成功。竞聘演讲常见的结尾方法有：

1. 表明对竞聘成败的态度。这种方法能使评选者感受到竞聘者的坦诚。例如：作为这次竞聘上岗的积极参与者，我希望在竞争中获得成功。但是，我绝不会回避失败。不管最后结果如何，我都将堂堂正正做人，兢兢业业做事。

2. 表达自己对竞聘上岗的信心。例如：我今天的演讲虽然是毛遂自荐，但却不是王婆卖瓜，自卖自夸。我只是想向各位领导展示一个真实的我。我相信，凭着我的政治素质，我的爱岗敬业、脚踏实地的精神，我的工作热情，我的管理经验，我一定能把副处长的工作做好。如果各位有疑虑，那就请给我一个机会，我决不会让大家失望。

3. 希望得到评选者的支持。例如：各位领导、各位评委，请相信我，投我一票！我将是一位合格的处长。

竞选、竞聘演讲的注意事项

一、目标的明确性

一般说来，在竞聘演讲时，竞聘者向评审人员及听众一要讲清自己的应聘条件，突出自己的优势，并且这种优势足以完成应承担的职务和工作；二要回答“若在其位，如何谋其政”。要在有限的答辩时间内完成上述工作，演讲的总体内容应始终围绕一个目标——岗位职务工作进行，做到目标明确，语不离宗，不可开口千言，离题万里。

二、内容的竞争性

竞聘演讲的全过程，其实是候选人之间就未来推行的施政目标、施政构想、施政方案进行比较与选择的过程。竞聘除了基本素质条件之外，实际上更重要的是施政目标与施政措施的竞争。写作时应在此处压倒对方，只有具备了明确、先进的施政目标，且有切实可行的施政措施来保证，才会取得竞争的成功。

三、演讲的技巧性

竞聘演讲是演讲的一种，也存在演讲技巧问题。它除了要求演讲者具备良好的心理素质和较强的语言表达能力外，还应当充分考虑竞争对手、听众的心态、临场状况等多种因素，用据理力争的方式，巧妙地说明“他不行，我行”，或“他行，我更行”。当然自我推销要有艺术性，切忌为了竞争而贬低对手，所遵循的原则是“唯真唯实，具体可信”。

四、实事求是，言行一致

每介绍一段经历、一项业绩都必须客观实在。给国家做出什么贡献，给单位创造什么效益，给职工提供什么福利等，一定要讲清楚，不能吞吞吐吐，模棱两可。要言而有信，不说过头话。能够办到的就说，办不到的就不要开“空头支票”。

五、调查研究，有的放矢

竞聘演讲是针对某岗位而展开的，因此，写作前必须到招聘单位了解情况，可以通过调查摸底、群众访谈等方式，切实弄清楚单位的历史、现状，尤其对于当前存在的焦点、难点问题及其存在的根本原因要问清查透，力争找到解决问题的最佳途径，以便在演讲时击中要害，战胜对手。

六、谦虚诚恳，平和礼貌

竞聘者是通过答辩实现被聘用目的的，只有给人以谦虚诚恳、平和礼貌的感觉，才能被认可和接受。评审人员及与会者是不会接受狂妄傲慢、目中无人的竞聘者并委以重任的。所以，竞聘演讲词十分讲究语言的分寸，表述既要生动，有风采，打动人心，同时又要谦诚可信，情感真挚。

竞选、竞聘演讲如何吸引听众

一、从听众的兴趣入手

以对方感兴趣或引以为自豪的话题展开交谈，在满足对方心理需要的基础上提出自己的请求。

二、先达共识，再提请求

强调某一问题的重要性和迫切性，与对方达成共识，然后顺势就解决此问题提出请求，使对方不好推却。

三、争取获得听众的理解

当我们向听众发表竞选演讲遭到拒绝时，往往会发现对方其实并没有经过深思熟虑，只是因为意气用事或其他一些细小的原因而作出了拒绝的决定，这时候，我们就应当站在第三者的观点上，帮助对方分析其决定，然后再促使其答应我方的请求。

不管你愿不愿意，求别人帮忙总是不可或缺的，所以一定要掌握好求别人帮助时的分寸，以求达到最好的求人效果。

演讲是否成功不仅仅取决于和对方的关系如何，还与我们的语言表达恰当与否有很大的关系。要用商量恳求的语气。语气应柔和、诚恳。说话要诚实守信。使对方感到你有求于他而且尊重他，他才肯帮你。

有的人认为向别人提要求是比较困难的，提不好非但自己难以如愿，还有可能引起对方的不满与误会。其实，只要觉得是合理的要求，就应该大胆地提。当然，要把握住说话的分寸，灵活运用各种技巧。你不妨参照下面的方法：

（一）用幽默的话语暗示对方

动用夸张、比拟等多种手法，把请求用诙谐风趣的话语或动作表达出来，既不破坏对方的心情与兴致，又容易使对方愉快地予以接纳。

（二）以情来说服别人

每个人都是有感情的，向别人提出要求时，以情说服往往能取得好的结果。

（三）通过故事委婉要求

采用讲故事的方式，把自己的观点寓于故事之中，让对方自己去领会。

竞选演讲的实际应用

范文：里根竞选演讲

最近几个月来，美国经济已显著恶化。卡特政府在3年半时间里所奉行的各种经济政策，事实上比任何人所预见的都更严重地破坏了我国的经济。利率和通货膨胀已经高得使人受不了。仅今年一年就有将近200万美国人失业。税款负担继续加重。

实质上，卡特先生在经济方面的种种失误是对几千万美国家庭所怀有的希望和理想的打击。

从本质上说，这些失误打击了美国每一个家庭、每一个工厂、每一个农场和每一个社区，是前所未闻的总统失职行为。

我们正在对付的是一种不仅夺走了人们的工资和储蓄存款，而且夺走了他们的希望和理想的前所未闻的危机。

那么他对这个悲剧的反应是什么?

言词，更多的言词。

我今天要对你们谈论关于领导工作的一种新的概念，它不仅有言词，而且有悦耳动听的音乐。它的基础在于对美国人民的信任、对美国经济的信心和务必使联邦政府重新对人民负起责任来的坚决保证。

这种概念根植于一种增长策略，一种计划，它如何看待美国的经济制度——一种巨大、复杂、强有力的制度，这种制度要求的不是联邦军敲碎打的措施，不是以抚慰性言词包裹起来的虔诚希望，而是艰苦的工作，和实际增长所需要的协调计划。

我们必须首先认识到，美国经济的症结在于臃肿无能的政府、完全不必要的限制、过重的税款和由印刷机提供的货币。我们不再需要卡特“稳定”或调整经济的8点或10点计划。在两年半中间，这些考虑得很不周到的行动不断使世界上最富有成效的经济制度大伤元气。

我们必须大胆、坚定、迅速地行动起来，控制住那不断增大的联邦开支，取消税务制度中那些限制经济的因素，并改革那种扼杀经济的管制网络。

我们必须制定，而且我也正在提出一种用于80年代的新策略。只有一系列计划周到、互相补充和加强经济的行动，才能重新推动我们的经济向前发展。

我们必须使政府开支的增长率保持在合理的、节俭的水平上。

我们必须有条不紊地、系统地降低个人所得税率，加速和简化折旧工作计划，以便消除对工作、储蓄、投资和生产力的限制。

我们必须审查那些影响经济的规定，加以修改，以支持经济增长。

我们必须确立一种稳定的、正确的、可预计的货币政策。

我们必须通过实施一种保持连续性的、不是逐月变更的国家经济政策来恢复信心。

我们必须使预算达到平衡，降低税率，并且恢复我们的国防力量。

这些是我们所面对的挑战。让我们来看看怎样才能迎接这种挑战。

我的经济计划中最重要的内容之一是控制政府开支。联邦机构和联邦计划中的浪费、挥霍和舞弊现象必须制止。每年通过几百项联邦计划浪费掉的纳税人的金钱达到几百亿美元；必须采取重大的、持久的行动来有效地反对这种做法。

按目前情况来预计，至1985年财政年度，联邦开支将每年增加9000亿美元以上。但是，通过全面地制止浪费及工作效率低下的状况，我深信，我们能够在1981年财政年度将预算削减2%，并逐渐提高削减的百分比，在1985年财政年度削减目前这种预计所匡算的金额的7%。这是以政府中若干小组所预计的金额为基础而提出的。实际上我相信我们会做得更好。我的目标是在1984年财政年度使削减百分比达到10%。

对我的控制开支策略十分重要的一着是，任命一些经济观点与我相同的人担任政府高级职务。在我们即将拥有的政府里，高层领导说的话不会在官僚政治中消失或被隐匿。那声音将被人们听到，因为那是华盛顿长期以来没听到的声音——那是人民的声音。

我还将像我在加利福尼亚州做过的那样，建立公民专门调查委员会，严格检查所有的部门和机构。建立有效的政府的一个最好办法是，把政府的运作情况交给那些信守这种原则的公民进行认真审查。

我的经济计划的第二个重大内容是降低税率。它要求在3年内全面削减个人所得税——在1981年、1982年和1983年各减10%。我的目标是以系统的、有计划的方式实施3次减税。

高税率比任何东西都更严重地损害人们挣钱、储蓄和投资的动机，它破坏生产力，导致赤字财政和通货膨胀，并且造成失业。

建立公平合理的税收标准可以大大帮助恢复这个国家的经济繁荣。

但是，即使是实行了我所建议的广泛的减税措施，美国人民负担的税款仍然过重。在未来10年的后半部分，我们仍然需要、也必须采取其他的减税措施。

吉米·卡特说那是办不到的，其实他是说那是不应该做的。他主张保留目前这种令人难以承受的税款负担，因为那适合于他把政府视为美国经济生活中的决定力量的观点。

我们也需要对企业实行更快的、不那么复杂的折旧工作计划。过时的折旧工作计划阻碍着许多工业企业，尤其是钢铁工业和汽车工业，使它们不能实现工厂现代化。更快的折旧将允许这些企业从内部得到更多的资金，并在世界市场上变得更有竞争力。

这项策略的另一个重要部分涉及政府的管制。这个问题十分重要而复杂，需要另作讨论，我打算不久就此发表讲话。目前，让我只说下面这些：

政策管制，像火一样，可以是有用的仆人，但用之不当就会成灾。谁也不能怀疑这种管制的意图——改进卫生的安全状况，给予我们更洁净的空气和水——但是过多的管制就会损害、而不是保障人民的利益。当一般美国工人的实得工资逐步下降，当800万美国人失业，我们就必须重新审查我们的管制结构，评价这些管制工作对造成这种局面所起的作用达到什么程度。我的政府对影响经济的近千条联邦管制条例应该而且必将进行彻底的、系统的检查。

与控制开支、改革税制和撤销管制一起，一种正确的、稳定的、可预计的货币政策对于恢复经济繁荣也是必不可少的。联邦储备委员会独立于政府行政部门之外，它也应该如此。但总统应该提名进入联邦储备委员会的人选。我任命的人将与我一起承担恢复美元的价值和稳定性的义务。

我的经济增长策略的一个根本部分是恢复信心。如果我们的企业想要投资并创造新的、报酬优厚的职位，它们就必须拥有一个不受政府专断行为干扰的未来。应该使它们相信，经济方面的各种法规不会突然地、变化无穷地更改。

我的政府将确立一种全国性的经济政策，并在最初90天内开始贯彻执行。

我心目中的经济策略包含许多内容——其中任何一项内容若是单独进行就会毫无结果，若是合在一起就一定能发挥作用。这个策略的成功最主要地取决于人民重新控制政府的意愿。

它取决于美国人民的工作能力。他们投身于这项活动的意志，他们的精力和想象力。

这个经济增长策略包括发展企业和工会之间的合作，而这种合作的基础又在于它们双方都认识到政府政策的目标是指向更多的职位，指向机会，指向发展的。这里我们所谈的不是静止的、了无生气的计量经济学模式——我们所谈的是人类历史上最富有效益的经济制度。目前，给这种经济制度历史性地注入新的活力的，不是政府，而是免除了政府干预、不必要的管制、极其有害的通货膨胀、高额税款和失业的人民。

卡特先生是否真正相信美国人民不能重建我们的经济？如果他相信，那么除了他的政绩，这是另一条理由说明他不应成为总统。

在我的经济策略具体实施之后，我们国防方面的各种需要就能得到满足，因为美国人民的生产能力将为种种应该进行的工作提供其所需的资金。

所有这一切要求我们按照现实状况来看待政府和经济，不是把它们看作纸面上的词语，而是视为在我们关于发展、限制和有效行动的愿望和知识的指导下的机构和制度。

卡特先生刚刚上任时，在预算方面，他有着实现各种目标的充分余地。但是他抛弃了取得新的经济增长和加强国家安全的机会。现在，由于他的错误政策对经济所造成的损害，使得实现这些重要目标的工作更加困难得多。

然而，在这些目标面前，若是从其中任何一项退缩，都是我们国家所经受不住的。我们不能听任税款负担无节制地加重，不能坐视通货膨胀趋向严重，也不能允许我们的国防力量进一步削弱——那样必定会产生严重的后果。

这项任务是艰巨的，但我们对实现这些目标是乐观的——应该对它们抱乐观态度。取得成功需要时间，也需要我们的努力。

过去的 3 年又 8 个月可以用一句话来描述：那是一场美国悲剧。

这不仅是说卡特先生在 4 年时间中使联邦开支增加了 58%，也不仅是说他的 1981 年预算中的税款比 1976 年增加了一位，以一般的四口之家来说，这相当于加重税款负担 5000 美元以上。

所以，这场悲剧在于卡特先生没能办到的事中，也同样存在于他已办到的事中。

他没有进行领导。

卡特先生有过进行有效治理的机会。在他就职时有过一个坚实的经济基础，那时的通货膨胀率是 4.8%。

但是他失败了。他失败的根源在于他对政府的看法，在于他对美国人民的看法。

然而，他想把这种令人惊骇的看法再推行 4 年。

美国人民要求重新实现其理想的时机已经到来，形势不应该像现在这样。我们能够加以改变。我们必须加以改变。卡特先生造成的美国悲剧，必须也能够通过团结起来共同努力的美国人民的活力来加以克服、结束。

让我们使美国振作起来。

现在正是这样做的时候。

竞聘演讲的实际应用

范文：办公室主任竞聘演讲

我于1988年××司法学校毕业后，分配到××市司法局工作，1992年到法院工作，1999年5月到办公室任副主任，2001年8月到××法庭代理庭长。期间参加了全国法院业余法律大学及中央党校法律本科班的学习，现均已毕业。中共党员。我竞聘的岗位是法院办公室主任。

一、竞选的优势

1999年5月份通过竞争上岗，我担任了办公室副主任，在担任副主任两年时间内，我从中体会到法院的后勤管理工作在整个领导活动中，在整个审判活动中都起着举足轻重的作用。法院的后勤工作是一个复杂的工程，与其他行政部门的后勤管理工作相比较，有其独特的特性，除了核心是法院后勤工作为审判业务提供有利的物质保障，为法院创造一个良好的工作学习、生活环境之外，每一件事可能都涉及审判和法院工作人员的切身利益，既具体又实在。但最主要的是法院后勤工作的复杂性，既有人际关系，又有人与物的关系，比如审判业务所需的交通、通讯、器材等物资保障，以及法院工作人员的生活，样样都要细心考虑，精心安排，稍有疏漏就会影响审判业务的展开和审判人员办案的情绪。既要处理好法院内部各庭室之间的关系，又要处理好法院与外部的诸多方面的关系，我在这方面的有些做法在前面的述职报告中也做了陈述，现不再一一赘述。

二、竞岗成功后的改革措施

如果我能竞聘成办公室主任，随着法院审判综合大楼和法官公寓的落成，我认为后勤管理应该以搞好服务保障为基础，以科学管理为手段，大胆引进外来经验，以提高效益为目的。

1.后勤管理社会化、企业化。随着法院机构改革的不断深入，光靠行政手段来搞好后勤管理我觉得已经不行了，必须运用行政和经济相结合的手段，也就是将服务型逐步转化为服务经营型。现在法院这种“小而全”的后勤管理体制，不但不利于提高工作效率，而且造成人力、物力、财力的极大浪费，与法院审判工作的需要也不相适应。实行后勤管理社会化和企业化，将服务职能从现在的行政职能中剥离出来，成为经济实体的服务中心，为法院工作人员提供就餐服务、交通信息服务、住房维修服务、会议及环境绿化、美化服务等等。这样不但可以缩减行政编制，节约经费，而且还可以提高工作效率，加强竞争，创造经济效益。

2.资源配置效益化。现在的法院后勤保障体制包括房产管理、车辆管理、财务管理、服务接待、饮食、医疗服务、通讯等等，包揽了许多管不了也管不好的事物，形成了“大而全”“小而全”的封闭格局，造成了人才、资源的浪费。我觉得把后勤服务部门的改革同改组、改造和加强管理结合起来，在物业管理、汽车经营、接待、餐饮、住房维修、环境绿化、文印、通讯等服务性工作中，尽可能地发挥其职能，盘活现有存量，以产生其经济效益。

3. 服务商业化。法院的后勤服务部门要跳出无偿服务的怪圈，树立服务出效益的观念，把坚持服务的宗旨与服务商业化统一起来，使服务的投入、产出和收益进入一个良性循环的发展轨道。

4. 用工市场化。我觉得要仿效现代企业的用工办法，引入用人竞争机制，根据后勤服务工作的不同岗位，不同劳动强度，不同业务要求和现有职工结构状况，实行全员劳动合同制，按劳取酬，对某些岗位的缺额和新建单位所需人员，实行“公开招考，择优录用”的办法招用合同工。实行定岗定员，必要时实行后勤管理人员聘用制。

总而言之，法院后勤工作，要真正实现为审判工作提供全面高效的服务。

第四章

开幕、闭幕演讲

开幕词的适用范围

开幕词是党政机关、社会团体、企事业单位的领导人，在会议开幕时所作的讲话，旨在阐明会议的指导思想、宗旨、重要意义，向与会者提出开好会议的中心任务和要求。

开幕词的主要特点是宣告性和引导性。不论召开什么重要会议，或开展什么重要活动，按照惯例，一般都要由主持人或主要领导人致开幕词，这是一个必不可少的程序，标志着会议或活动的正式开始。开幕词通常要阐明会议或活动的性质、宗旨、任务、要求和议程安排等，集中体现了大会或活动的指导思想，起着定调的作用，对引导会议或活动朝着既定的正确方向顺利进行，保证会议或活动的圆满成功，有着重要的意义。

篇幅要求简短，快速切入正题，内容切忌重复、啰唆的语言，要求口语化、富有感情色彩，又要求生动活泼；语气要热情、友好。

一、开幕词的特点

一是简明性，开幕词要简洁明了、短小精悍，最忌长篇累牍，言不及义，多使用祈使句，表示祝贺和希望；二是口语化，它的语言应该通俗、明快、上口。

二、开幕词的种类

按内容可以分为侧重性开幕词和一般性开幕词两种。侧重性开幕词往往对会议召开的历史背景、重大意义或会议的中心议题等，作重点阐述，其他问题一带而过。一般性开幕词则只对会议的目的、议程、基本精神、来宾等作简要概述。

开幕词的写作要求

通常由标题、称谓、正文及结尾四部分组成。

一、标题

通常有三种写法：一是用会议名称作标题；二是前边再加上领导人姓名；三是用提示内容中心或主旨的标题，在后面通常加上副标题。

一般由事由和文种构成，如《中国共产党第十二次全国人民代表大会会议开幕词》；有的标题由致词人、事由和文种构成，其形式是《××× 同志在 ×××× 会上的会议开幕词》；有的采用复式标题，主标题揭示会议的宗旨、中心内容，副标题与前两种标题的构成形式相同，如《我们的文学应该站在世界的前列——中国作家协会第四次会员代表大会会议开幕词》。

二、称谓

一般写在标题下行顶格，称呼通常用“同志们”“朋友们”“各位代表”“先生们，女士们”，如有特邀嘉宾，可写作“尊敬的 ×× 先生，各位代表，朋友们”等。

三、正文

一般包括开头、主体和结尾。开头写宣布开幕之类的话。主体部分一般包括以下内容：向大会介绍参加的领导同志和各方面的来宾，通报到会代表人数和团体名称；回顾过去的工作、成绩、经验及不足；提出本次会议的议题和议程；会议的筹备和出席会议人员情况；会议召开的背景和意义；会议的性质、目的及主要任务；会议的主要议程及要求；会议的奋斗目标及深远影响等等。但写作中一定要把握会议的性质，郑重阐述会议的特点、意义、要求和希望，对于会议本身的情况如议程等，要概括说明，点到为止；行文则要明快、流畅，评议要坚定有力，充满热情，富于鼓舞力量。

四、结尾

结语部分，一般以“祝愿大会获得圆满成功”做结尾，也可以做出带有鼓动性的口号。

闭幕词的适用范围

闭幕词是一些大型会议结束时由有关领导人或德高望重者向会议所作的讲话，具有总结性、评估性和号召性。

闭幕词与开幕词一样，具有简明性和口语化两个共同特点，其种类与开幕词相同。凡重要会议或重要活动，与开幕词相对应，一般都有闭幕词，这是一道必不可少的程序，标志着整个会议或活动的结束。闭幕词通常要对会议或活动作出正确的评估和总结，充分肯定会议或活动所取得的成果，强调会议或活动的主要精神和深远影响，激励有关人员宣传会议或活动的精神实质和贯彻落实有关的决议或倡议。

闭幕词具有以下特点：

一、总结性

闭幕词是在会议或活动的闭幕式上使用的文种，要对会议内容、会议精神和进程进行简要的总结并作出恰当评价，肯定会议的重要成果，强调会议的主要意义和深远影响。

二、概括性

闭幕词应对会议进展情况、完成的议题、取得的成果、提出的会议精神及会议意义等进行高度的语言概括。因此，闭幕词的篇幅一般都短小精悍，语言简洁明快。

三、号召性

为激励参加会议的全体成员实现会议提出的各项任务而奋斗，增强与会人员贯彻会议精神的决心和信心，闭幕词的行文充满热情，语言坚定有力，富有号召性和鼓动性。

四、口语化

闭幕词要适合口头表达，写作时语言要求通俗易懂、生动活泼。

闭幕词的写作要求

一、闭幕词的组成

由标题、称谓和正文三部分组成，标题与称谓的写法与开幕词基本相同。

闭幕词的标题，跟开幕词的写法类似，常见的写法是《××××大会闭幕词》或《×××在××大会上的闭幕词》。偶尔也有主副标题的写法，将主要内容或主要观点概括成一句话做标题，再用“××大会闭幕词”做副标题。

时间在标题之下正中，加括号注明会议闭幕的年月日。

称谓一般也跟开幕词相一致。

二、正文

（一）开头

闭幕词的开头，一般要用简洁的语言，说明大会经过全体代表的努力，已经胜利完成使命，今天就要闭幕了。

（二）主体

闭幕词的主体主要是对大会进行概括总结，并提出贯彻大会精神的要求和希望。其中概括总结的部分，要列举会议完成的任务和取得的成果，不能过于空泛笼统。提出要求和希望的部分，也要突出会议精神，体现会议宗旨。

（三）结尾

闭幕词的结尾通常比较简单，最常见的说法是：“现在，我宣布，××××大会闭幕。”

闭幕词出现在会议终了，因此，要写得与开幕词前后呼应、首尾衔接，显示大会开得很圆满、很成功。

开幕词的实际应用

范文：晚会开幕词

尊敬的各位领导、各位来宾、广大的市民朋友们：

下午好！

春回大地，生机勃勃，风光无限。×× 区 ×× 广场文化活动“春之韵”文艺晚会系列“×× 中学专场演出”即将开始。在这里，我谨代表 ×× 中学全体师生向前来观看演出的各位领导、各位来宾、广大市民朋友们表示热烈的欢迎！

××中学已有××年的历史，××年××月，在市委市政府的亲切关怀下，学校整体搬迁至××路××号，地处××××××。随着素质教育的实施和新课改的推行，学校站在21世纪对人才需求的高度，确立了“高起点、高标准、可持续发展、争创一流”的办学思路，面向全体学生，面向每一个学生，面向学生的每一个方面，力争使在 ×× 中学就读的每一个学生在德、智、体、美等方面得到全面发展。同时学校以信息技术、音乐教育和英语教育为三个切入点，对不同学生的教育做到特长加全面、全面加特长，努力构建具有 ×× 中学特色的校园文化。一流的教学设施、勤奋的师资队伍、严格的教学管理，以人为本、全面发展的教育理念，使得 ×× 中的办学水平和教学质量有了跨越式的发展，社会声誉显著提高。目前学校在职教师 ×× 人，在校班级 ×× 个，在校生 ×× 人。

其中初中开设有音乐特长班、英语特色班；高中开设有……×× 年 ×× 中高中招生分数线超过市招生分数线 ×× 分、×× 年超过市招生分数线 ×× 分；×× 年高考上线率 ×%，升学率 ×%；考入国内重点大学人数有很大突破，理科最高分 ×× 分、文科最高分 ×× 分；中考最高分 ×× 分 。

今天我们在这里演出，是落实贯彻《中共中央国务院关于进一步加强和改进未成年人思想道德建设的若干意见》精神，积极构建学校、社区、家庭“三位一体”的教育网络，推动 ×× 社区文化建设。此次活动不仅是为了丰富 ×× 市民的业余文化生活，促进 ×× 社区文化的建设，也是我校艺术教育成果对全市人民的一次展示，同时也是我校实施素质教育的一次社会实践。希望各位来宾、广大市民朋友们对我们的活动予以支持。我们坚信：态度决定成效、定位决定地位、细节决定成败、思路决定出路、理念决定道路。

同志们、朋友们，我们坚信，在市委市政府、市教育局的正确领导下，在广大市民的支持下，在全校师生自加压力、敢于争先的努力下，×× 中学将进一步抓建设、强队伍、扬特色、创品牌，以更新、更美、更优的风姿展现在 ×× 市人民面前。让我们以“三个代表”重要思想为指导，深入学习贯彻十六大精神，以办人民群众满意的教育为目标，为构建和谐的 ×× 社会而努力工作。

预祝“×× 中学专场演出”圆满成功！

谢谢大家！

闭幕词的实际应用

范文：运动会闭幕词

女士们、先生们、朋友们、同志们：

××单位第三届运动会马上就要落下帷幕了，在此，我谨代表县委、县人大、县政府、县政协，对本届运动会的圆满成功和运动员所取得的优异成绩表示热烈的祝贺！对为运动会付出辛勤劳动的裁判员、教练员、运动员以及全体工作人员表示崇高的敬意！对鼎力支持本次活动的县国税局、县人口与计划生育局、××实业有限责任公司等赞助单位以及所有关心、支持本次运动会的社会各界和人民群众表示衷心的感谢！

××单位第三届运动会从9月6日开始到今天历时14天，在这不平凡的14天里，来自全县各条战线的81支代表队、1698名运动员发扬“更高、更快、更强”的奥林匹克精神，表现出敢打、敢拼、敢闯的旺盛斗志，展现出积极进取、顽强拼搏、奋发向上、勇攀高峰的精神风貌，赛出了水平，赛出了风格，取得了运动成绩和精神文明的双丰收，用实际行动解读了“新世纪、新××、新跨越、新风采”的主题。

××单位第三届运动会的举行，不仅加强了单位之间的交流，联络了同志之间的感情，更重要的是凝聚了人心、振奋了精神、激发了斗志、增进了友谊，为进一步推动我县各项事业的蓬勃发展提供了强健的体质保障，奠定了坚实的思想基础。可以说，这次运动会既是县直单位体育技能和身体素质的展示会，又是干部职工思想修养和综合素质的检验会，更是各单位机关作风、效能建设和团队精神、集体形象的汇报会，全体运动员用实际行动展现了县直机关干部改革创新、团结向上、文明和谐的新的时代风采。

××单位第三届运动会坚持“勤俭、规范、严谨、高效”的原则，组织严密，运行规范，正如人民群众所说，县直机关运动会办成了本县的“奥运会”，××县的九月变成了运动的九月、竞争的九月、文化的九月、激情的九月、梦想的九月、收获的九月。此次运动会向社会公开征集了会徽和吉祥物。电视台、县政府门户网站运用了大量的图片、文字、声音，从多个角度展示了运动会，广大干部职工举起相机、手机留下了一个又一个精彩的瞬间，运动会的举行扩大了县直机关的社会影响，丰富了体育精神和体育文化，使本县体育事业的持续健康发展迈出了可喜的一步。县直机关运动会将长期举办下去，我们坚信，县直机关运动会会一届比一届更加精彩。

同志们，朋友们，让我们借这次运动会的东风，抓住县城东迁10周年这一新的契机，在工作中发扬团结协作、健康向上、顽强拼搏、争先创优的比赛精神，奋力实现“特色农业大县、新型工业强县、全国旅游名县”的战略目标，用我们的双手缔造××新的辉煌！

现在我宣布，××单位第三届运动会胜利闭幕！

第五章

欢迎、答谢演讲

欢迎词的适用范围

欢迎词，是指客人光临时，主人为表示热烈的欢迎，在座谈会、宴会、酒会等场合发表的热情友好的讲话。

在社会主义市场经济深入发展的大背景下，为了提升形象、扩大影响、招商引资、促进发展，近年来各地纷纷举办各种内容和形式、不同规格和规模的节庆活动。按照惯例和程序，在节庆活动开幕式上，常常要由一位东道主方面的要员向来宾敬致一篇热情洋溢的欢迎词。

那么，撰写一篇合乎规范的节庆活动欢迎词自然就是活动筹备过程中一项不可忽视的细节工作。

我们这里所说的欢迎词实际上包括两类：一类是欢迎客人，一类是欢迎单位或组织的新成员。种类不同，写法上自然存在差异，这在欢迎词的主体上表现得尤为明显。

欢迎客人的致词，讲什么，怎么讲，主要取决于主客双方以往的关系，取决于今后双方关系发展的趋向，取决于这次相会的缘由及意义。一般说来，如果是老朋友，就要首先回顾以往的友谊，接着表述时下的友好关系，最后表达友谊长存的愿望。如果是有分歧的客人，则应首先畅谈这次会见的意义，然后提及当前和今后双方共同关心的问题，最后表达希望双方关系正常友好发展的愿望。欢迎单位或组织新成员的致词，首先要标明他们的到来正适合需要，接着客观评价欢迎对象的特长，并表示赞赏；然后简单介绍本单位或组织的情况，最后希望新来的人在新环境里施展才干或发挥作用，作出成绩。

欢迎词的写作要求

（一）欢迎词的格式

欢迎词的结构由标题、称呼、开头、正文、结语、署名六部分构成。

1. 标题。标题有两种形式。一是由欢迎场合或对象加文种构成，如《在校庆 75 周年纪念会上的欢迎词》；二是用文种“欢迎词”作标题。

2. 称呼。提行顶格加称呼对象。面对宾客，宜用亲切的尊称，如“亲爱的朋友”“尊敬的领导”等。

3. 开头。用一句话表示欢迎的意思。

4. 正文。说明欢迎的情由，可叙述彼此的交往、情谊，说明交往的意义。对初次来访者，可多介绍本组织的情况。

5. 结语。用敬语表示祝愿。

6. 署名。用于讲话的欢迎词无须署名。若需刊载，则应在题目下面或文末署名。

（二）欢迎词正文

首先，表示欢迎。这是节庆活动欢迎词正文的开头部分，一般要用简洁的文字交代致词的背景，即什么活动开幕了，然后用热情的话语对来宾表示欢迎，也可以向来宾或者有关方面（人士）兼表祝愿或者感谢。

其次，阐释意义。为什么要举办节庆活动，目的何为，意义何在，这是节庆活动欢迎词中一般应当予以交代的。

再次，展示优势，也可以说树立形象。这是节庆活动欢迎词正文的重心所在。当下利益重要，长远利益更重要。

最后，表达祝愿。这是节庆活动欢迎词正文的结尾部分，一般用简洁的句子祝愿活动圆满成功，或者祝愿来宾生活愉快，并另起段落以“谢谢大家！”“谢谢各位！”这样的礼仪结语结束全文。

欢迎词的注意事项

欢迎词是由东道主出面对宾客的到来表示欢迎的讲话文稿。欢迎词指行政机关、企业事业单位、社会团体或个人在公共场合欢迎友好团体或个人来访时致辞的讲话稿。

（一）看对象说话

欢迎词多用于对外交往。在各社会组织的对外交往中，所迎接的宾客可能是多方面的，如上级领导、检查团、考察团等。来访目的不同，欢迎的情由也应不同。欢迎词要有针对性，看对象说话，表达不同的情谊。

（二）看场合说话

欢迎的场合也是多种多样的，有隆重的欢迎大会、酒会、宴会、记者招待会；有一般的座谈会、展销会、订货会等。欢迎词要看场合说话。该严肃则严肃，该轻松则轻松。

（三）热情而不失分寸

欢迎应出于真心实意，热情、谦逊、有礼。语言亲切，饱含真情。注意分寸，不卑不亢。

（四）关于称呼

由于是用于对外（本组织以外的宾客）交往，欢迎词的称呼比开幕词、闭幕词更具有感情色彩，更需热情有礼。为表示尊重，要称呼全名。在姓名前或后面加上职衔或"先生""女士""亲爱的""尊敬的""敬爱的"等敬语表示亲切。

欢迎词的详细分类

（一）欢迎词从表达方式上分

1. 现场演讲欢迎词。一般由欢迎人在被欢迎人到达时在欢迎现场口头发表的欢迎稿。

2. 报刊发表欢迎词。这是发表在报刊或公开发行刊物之上的欢迎稿。它一般在客人到达前后发表。

（二）欢迎词从社交的公关性质上分

1. 私人交往欢迎词。私人交往欢迎词一般是在个人举行较大型的宴会、聚会、茶会、舞会、讨论会等非官方的场合下使用的欢迎稿。通常要在正式活动开始前进行。私人交往欢迎词往往具有很大的即时性、现场性。

2. 公事往来欢迎词。这样的欢迎词一般在较庄重的公共事务中使用。要有事先准备好的得体的书面稿，文字措词上的要求较私人交往欢迎词要正式和严格。

欢迎词的特点

（一）欢愉性

中国有句古话是“有朋自远方来，不亦乐乎”，所以致欢迎词当有一种愉快的心情，言词用语务必富有激情和表现出致词人的真诚。只有这样才可给客人一种宾至如归的感觉，为下一步各种活动的完满举行打下好的基础。

（二）口语性

欢迎词本意是现场当面向宾客口头表达的，所以口语化是欢迎词文字上的必然要求，在遣词用语上要运用生活化的语言，既简洁又富有生活的情趣。口语化会拉近主人同来宾的亲切关系。

答谢词的适用范围

自古以来，人们就提倡礼尚往来、知恩报德、来而无往非礼也，于是在人际交往中便有了“谢”的言行：或揖拳，或鞠躬，或以言辞道谢，或以纸笔作书（写成谢函、谢帖、感谢信），倘若在庄重的礼仪场合，那便要温文尔雅地致答谢词了。可以说，答谢词是一种最高级的致谢形式，它有情有声，声情并茂，能够最充分、最有效地表达谢意，在外交、社交活动日趋频繁的当代社会，发挥着越来越重要的作用。

答谢词，是指特定的公共礼仪场合，主人致欢迎词或欢送词后，客人所发表的对主人的热情接待和多关照表示谢意的讲话；也指客人在举行必要的答谢活动中所发表的感谢主人的盛情款待的讲话。

依据不同的致谢缘由和致谢内容，答谢词可划分为两个基本类型：

1.“谢遇型”答谢词。“遇”，招待，款待。“谢遇型”答谢词，即用来答谢别人的招待的致词，它常用于宾主之间，既可用于欢迎仪式、会见仪式上与“欢迎词”相应，也可用于欢送仪式、告别仪式上与“欢送词”相应。

2.“谢恩型”答谢词。“恩”，受到的好处，即别人的帮助。“谢恩型”答谢词，即用来答谢别人的帮助的致词。它常用于捐赠仪式或某种送别仪式上。例如，1998年长江中下游地区的灾民在接受全国各地捐赠物品的仪式上，在洪水退后为抗洪抢险的解放军战士送行的仪式上，就使用了这种答谢词。

答谢词的写作要求

（一）格式内容

1. 标题。在第一行居中的位置上写上“答谢词”。

2. 称谓。另起一行顶格写致辞对方的姓名、头衔，既可以是广泛对象，也可以是具体对象。称呼后加“：”以示引领全文。

3. 正文。首先，对主人的盛情表示感谢，并对对方的优越性予以肯定，表达出自己的荣幸与激动。这是答谢词的写作重点。

然后，要对对方的情况做较详细的介绍，以示尊重。接着，应提出希望与之进一步发展关系的强烈意欲。最后，再一次用简短的语言表示感谢。

（二）写作要求

1. 内容与结构要合乎规范。从前文的分析中可以看出，两类答谢词所涉及的写作内容以及所运用的结构形式，各有相对稳定的模式。在写作中，一不可混淆，二不可随心所欲地“独创”，要尽可能地符合写作规范，否则将会张冠李戴、非驴非马。

2. 感情要真挚、坦诚而热烈。既然要答谢，就应该动真情、吐真言，这就是所谓真挚、坦诚；虚情假意、言不由衷或矫揉造作，只能引来对方的反感。况且，答谢的本身，就是一种言情方式，既然要言情，就应热烈奔放、热情洋溢，给人以如沐春风的温煦感；否则，那种薄情寡义、冷冰冰、干巴巴、硬邦邦的致词是很难获得对方认可的。

3. 评价要适度，要恰如其分。一般说来，对于对方的行动，“谢遇型”致词不宜于妄加评论、说三道四。而“谢恩型”致词则可就其精神或风格作出评价，但要适度，要恰如其分，不可故意拔高、无限升华，以免造成虚情假意之嫌。

4. 篇幅要简短，语言要精练。礼仪仪式毕竟不是开大会，致词一般应尽量简短些，决不可像某些领导的会议报告那么冗长。作为答谢词，千字文即可。

要想篇幅简短，语言必须精练，应尽可能地将可有可无的字、句、段删掉，努力做到辞约旨丰，言简意赅。

答谢词的注意事项

要想写出高质量、较完美的答谢词，除了把握以上几点要求之外，还须注意处理好以下几个方面的关系：

1. 客套与内容。客套是礼仪的表现，内容才是实际的东西。一方面，需要客套；但另一方面，客套要为内容服务，不宜过多，更不宜过分，以免造成对方的反感。

2. 友谊与原则。在谈论双边关系时，既要充分表达友好之情、友谊之愿，又不可丧失原则立场。对于敏感性问题应尽可能地回避（宜放到谈判桌前去解决），对于回避不掉的矛盾与分歧，也应以坦诚的态度、温和的口吻、委婉的言辞作出恰当得体的表达，要谨防出言不逊或不慎而伤害了对方的感情。

3. 过去与未来。对于昔日的矛盾与分歧，不宜耿耿于怀，应面向未来，化干戈为玉帛。故而，致词中应少讲昔日之辛酸，多谈未来之亮丽。

4. 现实与设想。也许，现实的双边关系不那么尽如人意，甚或存在着较大的矛盾与分歧。对于这种情况，致词中只需稍做提示，而应集中笔墨去做较完美的设想，因为设想的本身就是面向未来。但是，设想毕竟不是现实，不宜于说得那么实在，忌用“一定”“必然”等副词修饰，宜用虚笔出之，比如可采用假设连词以及带有感觉、希望意义的意念性动词加以表达。

5. 表达己见。即自己的见解与意见，答谢词所表述的主要是己见；但是当自己的答谢处于对方的欢迎词或欢送词之后时，最好能将对方的意见引述过来，融入自己的意见之中。这样做，不仅可以丰富致词的内涵，而且也可巧妙地融洽双方关系，增强和悦气氛。

6. 言谢与行谢。言谢，即以言语致谢；行谢，指以实际行动致谢。孔夫子就主张要“听其言而观其行”，可见“行”是取信于人的一个最重要的方面。

7. “直”与“曲”。这是对章法以及表达形式的辩证要求。对于“谢恩型”答谢词来说，无论是章法结构还是表达形式，都应求“直”不求“曲”，也就是说，应依照其结构常式及逻辑层次平直地写来，无需章法上的起伏或者曲折，文字表达也应直来直去，排斥任何形式的婉言曲语。而“谢遇型”答谢词则不尽然，它要求“章法求直，表达求曲”。

8. “雅”与“俗”。这是对致词语言的辩证要求。与其他的演讲文书一样，答谢词是诉诸听觉的，要想让人听得顺心悦耳，就应将优美雅洁的书面语与活泼生动的口语有机融合一体，以获得琴瑟和弦、雅俗共赏的美感。

欢迎词的实际应用

范文：新生入校欢迎词

亲爱的高一新同学：

当××市教育局招生办普通高中录取书发到你手中时，你就是

×× 学校的一名正式高中生了。我们为你人生旅途中的这一重要转折，跨进以奔向大学为目标的高中阶段而庆幸和祝贺！

作为一个品牌学校的创办之初，校长从国外考察回来即以当今国际最先进的教育思想，在国内首先倡导了“情商智商双向开发，素质特长全面培养”的办学理念。多年的教育实践证明：“以情促智，教学相长”让学生全面提升了情商和智商的成功素质，让家长普遍实现了子女成人成才的愿望。办学十几年来，为实施素质教育作出了重大突破，被 ×× 市教育局评为“教科研 50 强单位”，被市科技局评为“重大科技成果完成单位”，荣获了 ×× 市科技进步二等奖，并经过市督导评估达标，被市人民政府授牌为“市普通中小学办学水平先进学校”，还被评为“全国特色育人成功学校”“全国心理辅导特色学校”“全国民办百强学校”。我校历年的升学成绩，创造了“低进高出”“高进优出”的奇迹；培养了三批高中生入党；走出校园的学子，进入大学后成了学习的佼佼者；进入社会的工作岗位上，成了受领导器重的人才。我们以特色教育和质量取胜，赢得了家长的普遍赞誉，形成了在全国有影响的教育品牌。从中央到地方的各权威媒体都曾多次来我校采访报道。

×× 学校的荣誉光环，全是依靠师生的共同打造。我们相信：当你走进 ×× 学校，你既是 ×× 学校的学生，也是 ×× 学校的主人。荣誉靠你我编织，荣誉为大家共享。你应该以高中生的姿态，去迎接高中阶段的挑战。你将一定会树立远大理想，实现宏伟抱负；为振兴中华而读书，为报效祖国而准备；你一定会确立大学目标，扎扎实实打下深造必备的知识基础。在高中三年中，希望你能自我认识，不断省悟；自我激励，坚定信心；自我控制，磨砺意志；感恩父母，化作动力；友善相处，合作互助。这些正是一个人成功因素占 80％ 的情商。情商一旦成为你的基本素质，你的智慧潜能定能充分发挥。展开你的双翼，放飞大学梦想。当你拼搏三年后，接到烫金的大学录取通知书时，学校将再来为你喝彩！

答谢词的实际应用

范文：升学答谢宴家长答谢词

各位亲朋好友：

大家晚上好！

今天是我儿子金榜题名状元宴会的大好日子，此时我的心情也万分的紧张和激动，首先我想对爱子表示衷心的祝贺，同时也希望他以此为一个新的台阶，好好学习，不骄不躁，再接再厉，将来成为咱们祖国的有用之才，与此同时我还要代表我们全家对在场各位好友在百忙之中抽出时间前来捧场表示最衷心的感谢！

在此我想说的有很多，但千言万语化作一副对联送给大家：

上联是：吃，吃尽天下美味不要浪费

下联是：喝，喝尽人间美酒不要喝醉

横批是：吃好喝好

谢谢大家！

第六章

节日演讲

节日演讲的适用范围

常见的节日有很多：元旦、春节、妇女节、劳动节、青年节、儿童节、建党节、建军节、国庆节、教师节、端午节、重阳节、清明节、中秋节、元宵节等等。

节日演讲是在庆祝节日时所发表的演讲。在节日演讲中，演讲者一般都会根据节日的特点来确定主题，通常在演讲中要进行历史的回顾，这是因为只有总结历史，才能实现立足当下展望未来的目的。一般节日都是喜庆的日子，所以节日演讲的目的就是使听众轻松愉快。

节日演讲词的写作要求

节日类演讲是在庆祝节日时所发表的，根据不同的节日拟订不同的演讲主题，这同时也是一种回顾和反思。通常节日演讲都是积极向上的，为听众营造出一种轻松愉快的氛围。

不同的节日因为其代表的意义不同，所以演讲的情绪、主题、感情都是不同的，但是即使这样也还是能够找出节日演讲的几个共同点。

（一）内容都具有纪念性

节日演讲的内容必然离不开相关的节日，一般篇幅很短，但演讲者仍是将主题扣在了节日上，可以这样说，所有的节日演讲词内容都有纪念色彩。

元旦演讲是在欢迎新年时，同时在纪念过去的一年；端午节是为了纪念爱国诗人屈原；西方群众性的传统节日圣诞节，是为了纪念耶稣诞生。

（二）节日演讲都具有丰富的感情

没有感情的演讲是不能成功的，节日演讲就更应该具有丰富的感情。通常节日演讲的情绪都是受到它所要表述的节日的影响。

因为节日本身色彩纷呈，风格各异，所以导致了演讲词中情感的多样性和不固定性。

（三）节日演讲的目的具有明确性

演讲都是有其目的的，节日演讲的目的就是通过在节日、纪念日里发表演讲，阐明自己的主张，明确自己的观点立场，弘扬相应的精神，鼓动和激发听众的情绪，发出具体的、正义的号召。无论称节日也好，称纪念日也好，它们都具有一定的纪念意义。

节日演讲的实际应用

范文：元旦演讲

在本周的日历上，有一个特殊的日子——1月1日，这标志着华夏神州又增添了一道年轮，标志着时代的航船乘风破浪，伟大祖国又迎来了充满希望的一年。

1月1日又称元旦，“元”是开始，第一之意；“旦”是早晨，一天之意。“元旦”就是一年的开始，一年的第一天。从字面上看，“旦”字下面的一横代表着波涛澎湃的海面，一轮红日正从海上喷薄而出放射着灿烂辉煌的光芒，这个象形字生动地反映了旭日东升的形象。把“元旦”合在一起，就是要人们以蓬勃的朝气和奋发的斗志来迎接崭新的一年。

同学们，时光老人的脚步在悄悄挪移，我们不是都有光阴似箭、日月如梭的感觉吗？东晋诗人陶渊明曾有过这样的感叹：“盛年不重来，一日难再晨，及时当勉励，岁月不待人”。我们也不乏这种紧迫感。我们是青年，青年是生命中的春天，是早晨八九点钟的太阳。我们是跨世纪的一代，成学业于本世纪，成事业于新纪元，我们将成为时代洪流中搏击风浪的勇士。生逢此时，荣幸又艰巨。读书，是一切成大事者的必由之路，是一切创造的基础。认真读书是时代的要求。我们要用勤奋和汗水夯实学业大厦的地基，用拼搏向时光索取价值，用双手为鲜艳的五星红旗添彩。只有这样，才无愧于华夏子孙，才能肩负起承前启后、继往开来的历史使命。

同学们，我们正满怀着希望和信心来叩响人生这扇奥妙的大门。生活是那样丰富和广阔，有无数宝藏等待我们去挖掘，有无数险峰等待我们去攀登，有无数蓝图等待我们去描画……在这生命的春天里，播撒下希望的种子，辛勤地耕耘吧！

第七章

好口才的基本原则

实现有效交谈很重要

有效交谈是这样一种交谈：通过一定的方式进行当众说话，最后将你想要表达的观点或意见准确地传达给你的听众，进而达到你说话的目的。这听起来似乎很复杂，其实却很简单。它要求不说“废话”，却能将你的意思表达清楚。

一切说话的艺术都是服务于你说话的目的的。你或许想使你的听众明白你的观点，或许想让他们改变自己的观点转而赞同你，这样你就需要采取一种适当的方法让你的说话发挥作用。比如，“使对方一开始就说‘是’”，我们说这样一种说话策略或艺术是一种有效的说话方式，那是因为这种方式有益于实现有效交谈。

在现实生活中，很多时候，我们由于没有注意到适当的说话方式或其他种种原因，而没有实现有效交谈。比如，一个新手对着一位顾客推销他的汽车，但是到最后都没有使顾客明白这辆汽车到底有哪些优点以及他为什么要选择这辆汽车，那么我们就说这个新手没有实现有效交谈。需要注意的是，假如顾客意识到了这辆汽车确实很不错，但是由于其他原因而没有买，这种情况下，我们认为这个推销员实现了有效交谈。

凯瑟林·阿尔弗雷德是一家纺织厂的工程总监。这家工厂以前采用的方法和标准足以应付过去的生产量。但是最近，他们增加了新的项目，加大了生产任务。为此，凯瑟林设计了一套新的标准，它不仅使员工可以根据纺纱的质量和数量来提高自己的收入，而且使工厂提高了生产量。凯瑟林在一次会议中向公司的领事层介绍了这套新的标准，并且希望得到采用。她因为相信自己设计的标准更加适合公司的发展，因此指出公司原来的做法是完全错误的，并且为新办法进行了辩护。她满以为自己会得到大家的支持，可结果却是，凯瑟林的新标准没有得到通过。

凯瑟林的标准明明比以前的更加先进，领导们也知道这一点，为什么却不让它通过呢？唯一的解释是，凯瑟林没有实现有效交谈。她忽视了说话的技巧和艺术，没有给领导留面子。

凯瑟林在上了卡耐基训练班的几堂课之后，开始意识到这一点。她建议再召开一次会议。会上，她请领导们指出问题出在何处，就每一个要点展开了讨论，并请他们拿出解决方案。而她在适当的时候，引导他们依照她的思路来提建议。这么一来，当会议结束的时候，她所要提的方案就差不多出来了。他们也很赞同这个方案。

这个例子说明：实现有效交谈是十分重要的，它在很大程度上（但不是绝对）决定了你能不能达到你的目的。而有效交谈的实现，则需要适当的说话方式。如果你希望自己的讲话能够成功，你就应该注意运用有效的说话方式。

根据对方决定说话策略

我们已经讲过，说话不是说话人一个人的事情，而必须考虑听众。我们讲话的目的，是要表达自己的观点给别人听。那么，能否达到这个目的，最终的决定因素还是听众。因此，我们在说话时，要尽量使用适合对方的表达方式，即根据对方特性决定我们的说话策略。

遗憾的是，我们没有一种放之四海而皆准的说话艺术来使你轻易地掌握说话技巧。在说话之前，你有必要对下列问题仔细地进行考虑：你要对谁讲、将要讲什么、为什么要讲这些内容以及怎么讲等。

同样的一种说话策略，对不同的人为什么不一定都适合呢？这是因为人的心理素质、性格、受教育程度、成长环境等都不相同。比如，可以对害羞的A小姐进行鼓励，以建立她的自信，从而使她能够站起来当众说话；对好辩的B先生则进行容忍训练，让他给别人说话的机会，使得他不会因为自己的冲动而失去顾客。之所以采取不同的策略，就是因为A小姐和B先生的性格不相同。

不同的人接受他人意见的方式和敏感度是不一样的。一般来说，文化水平较高的人不屑于听肤浅、通俗的话，对他们应该多用抽象的推理；文化层次较低的人则正好相反，他们听不懂高深的理论，对他们应该多举明显的例子。对于那些刚愎自用的人，不必循循善诱，你可以用激将法；而对于喜欢夸张的人，不必表里如一，可以进行诱导；对于生性沉默内敛的人，不妨循循善诱、语重心长；而对于脾气暴躁的人，用语要简明快捷；对于思想顽固的人，要看准他感兴趣的东西，然后通过这些兴趣点改变其思想，如此等等。只有知己知彼，你才能取得说话的最好效果。

罗素·康维尔前后发表过以“发现自我”为题的著名演说近6000次。你或许会感到不可思议，或许认为重复这么多次的演讲，其内容应该已经根深蒂固地刻在演讲者的脑海中了，所以每次演讲时连字句音调都不会做任何改变了。

但事实并非如此。康维尔博士知道，听众的知识水平与背景各不相同，只有让听众感到他的演讲是有针对性的、活生生的东西，是特意为他们准备的，这个演讲才会引起他们的兴趣。他是怎么做到这一点的呢？他是怎么在一场又一场的演讲中成功地维系着自己和听众之间轻松愉快的关系的呢？请看他自己的回忆：

“在到了某一个城市或镇上准备发表演讲之前，我总是先去拜访当地的经理、学校校长、牧师等有知识或有名望的人，然后走进商店同那里的人们谈话，这样我就可以了解他们的历史和他们个人的发展机遇。之后，我才发表演讲，并在演讲中和他们谈论他们感兴趣的话题。”

康维尔博士非常清楚地知道，成功的沟通必须依靠演讲者使他成为听众的一部分，同时也使听众成为演讲的一部分。尽管这篇重复了近6000次的演讲成为人们最欢迎的演讲，但我们却找不到演说词的副本。由于康维尔博士的睿智和勤奋，所以虽然这一相同的主题他已经给数不清的人们讲过，但同样的演讲不会说两次，因为他面对的是不同的人。

有一条船航行至海上时，突然发生了意外。船长命令大副去叫乘客弃船。大副去了半天，结果却悻悻而回。他说：“他们都不愿意弃船，对不起，我实在没办法了。”

船长只好亲自到甲板上去。不一会儿，他便微笑着回来了，然后对大副说：“他们都跳下去了，我们也走吧！”

大副很惊讶，于是问船长是怎么做到的。

船长说：“我首先对那个英国人说：‘作为绅士，你应该作出表率。’他就跳下去了。接着，我对法国人说：‘那种样子是很浪漫而且潇洒的。’于是他也跳了下去。然后，我板着脸对德国人说：‘这是命令，你必须跳下去。’于是德国人也跳了下去。我对伊拉克人说：‘这是将军和真主的旨意。’他马上起身，还没穿救生衣就跳了下去。”

大副听了十分佩服，说道：“太妙了，船长，那么美国人呢？”

船长回答：“我说：‘您是被保了险的，先生。’那人夹着皮包跳下水去了。”

这虽然可能不是一件真实的事，但是却说明了一个道理——你也许已经有所感悟——即我们在说话时，应该时时记着特定的听众。而在说话之前，我们应该知道这些听众是什么样的听众。具体而言应该如何做呢？至少有以下几点你需要注意：

谈论对方真正感兴趣的话题

你必须谈论对方真正感兴趣的话题，这是接触对方内心想法的妙方，这样的话你就已经成功了一半。每一个拜访过罗斯福总统的人，都会对他渊博的知识感到十分惊讶。波莱特福是研究罗斯福的专家，他解释说：“不论是牧童、骑士，还是纽约的政客、外交家，罗斯福都知道该和他谈论什么话题。”而之所以能做到这一点，是因为罗斯福总是会在访客到来之前，翻阅一些对方特别感兴趣的资料。

使用对方所熟悉的事例

你必须使用对方熟悉的事例来说明你的观点。也许你辛辛苦苦地说了半天，却还是没有把自己的意思向听众们解释清楚。不妨把你的道理和听众熟悉的事情做比较，告诉他们这件事情和他们所熟悉的那件事情道理是一样的。

曾有一个门徒问耶稣，为何他总是喜欢用比喻来向大众讲道理。耶稣说：“因为他们虽然在用眼睛看但是却看不见，虽然在用耳朵听但是却听不见，这样，他们自然就不了解了。”当你向听众谈论他们不熟悉的话题时，他们会有很深的了解吗？这自然很难。所以，我们需要把人们不知道、不熟悉的事物和他们已经知道、已经熟悉的事物联系起来。

当化学家要向孩子介绍催化剂在化学中对工业的贡献时，如果他说：“这种物质能让别的物质改变而不会改变自身。”孩子也许很难懂得。

但是化学家可以说：“它就像个调皮的小男孩，在操场上又跳又打又闹，还推别的孩子，结果自己却安然无恙，从没有被人打过。”这不是更加容易使孩子们懂得吗？

避免使用专业术语

如果你是一位医生、律师或经济学家，当你打算向外行人介绍一些你的专业知识时，千万要慎用专业术语，即使用了专业术语你也必须极为小心地作详细的解释。

我们曾经听过无数次失败的演讲，演讲者并非没有渊博的专业知识，有些甚至还有不错的演讲技术，但是他们的不小心却使得他们失败了，而且败得很惨。为什么？因为他们忽视了一点，那就是：一般听众对他们的行业缺乏了解，可是他们却高谈阔论，在自己的演讲中大量地使用专业术语，使得听众越听越迷惘。他们的演讲简直如同天书，所以会毫无效果。

因此，记住亚里士多德的一句话：“思维如智者，说话如众人。”当你下次说话想用专业术语的时候，你必须谨慎地向听众进行解释，这样才能使他们懂得你说话的主旨——而那些需要一再使用的关键词则更是这样。

什么场合说什么话

你可能会遇到这样的情形——一个人拍拍你的肩膀，然后说：“请给大家说两句。”而这个时候，你多半正在津津有味地倾听别人精彩的谈话，或者正在考虑明天怎么样向你的顾客推销商品。但是你发现，人们的目光很快地转移到你的身上来了。而你大概还没弄清楚是怎么回事，大家就一致欢迎你讲话了。你可能会觉得比较尴尬，因为你根本没有打算站起来说话。

在这样的时候，最好的办法是：你先随便说上几句无关紧要的话，争取一个喘息的机会；然后开始讲适合这个场合的、与对方关系密切的话题。因为对方永远只对自己和自己正在做的事情感兴趣，所以，你可以就地取材，从对方或当时的场合抓取你说话的话题。当然，这个话题你必须熟悉。

讲话最根本的两点其实就是“说什么”和“怎么说”。“说什么”就是你说话的内容，针对不同的场合，你的说话主题应该有不同的变化；“怎么说”就是怎么把这些话表达出来，针对不同的场合，你需要采取有针对性的说话技巧。交际场合经常会出现这样的一种情况：有的人侃侃而谈、口若悬河；有的人却呆坐半天、一声不响，即使有时候想说话，也会因为找不到合适的话题和方法而无从谈起。

不管是即兴说话，还是准备充分的说话，你都必须设法针对特定的场合。你必须关心的有两点，即当时的人和当时的场合。你可以谈论跟对方有关的话题，说说他们是谁、正在做什么，特别是他们为社会和人类作了什么贡献，等等。

而关于场合的问题，确实十分复杂。你可以讲这次聚会的缘由，比如它是周年纪念日，还是表扬大会，或是年度聚会，或者是政治性或商业聚会。由于前来参加聚会的人与聚会主题都有一定的联系，因此，如果你就此发表你的谈话，你当然能够吸引对方的注意力。

最成功的讲话，都是对对方和场合的真实的感想，并且做到了因地制宜。尽管这种说话是针对一定的场合的，它们就像昙花一现一样，一般都只在特殊的场合、特殊的时刻展现，但是人们的愉悦却远远不止于此。在你还没有想到之前，他们已经把你当作说话高手了。

你在说话的时候总是会以一定的社会角色——可能是一个医药学专家，也可能是一个律师——出现在人们面前，所以当你出现的时候，人们总是容易把你的社会角色和你联系起来。但是在不同的场合，你的身份可能会有变化。比如，作为医药学专家的你出现在一个朋友的聚会中时，如果没有人提及，你可能并不需要大谈你的医学知识，这时候你的身份只是一个普通的朋友，而不是你的专业角色；但是当你出现在学术座谈会上时，你需要展现的当然应该是你渊博和专业的医药学知识，这时候你的角色已经发生了变化。因此，我们在不同的场合说话时，一定要注意自己的身份。

中国的语言十分有特色。有一次，某地举行修辞学年会。会长在开场的时候这么说："先让我这老猴耍一耍，然后你们中猴、小猴接着耍。我老猴肯定耍不过你们中猴、小猴，但是总是要开个头的。"代表们听了都觉得很有意思，都笑着鼓掌，大家的情绪都被带动起来了。会长是与会者中的权威，又年近古稀，他把自己比作老猴，把其他与会者比作中猴、小猴，不但形象地描述出了老、中、青三代学者共聚一堂，而且显得非常幽默。并且，在修辞学的研讨会上，会长故意用这种修辞表示自谦，与主体身份、客观对象以及具体场合都十分协调，因而取得了非常好的效果。但是，假如一个中年学者说"我是中猴，先让我来耍一耍，然后你们老猴、小猴接着耍"，即使他是会长，他这么说也很不得体。这会使听的人产生反感，而且把年纪大的学者比作老猴是不尊重他们的表现，因为按照他的身份是不能这样打比方的。所以，我们一定要把握好当时场合下自己的身份是什么，之后再开口说话。

在不同的场合，当我们的角色发生改变的时候，我们需要说不同的话。比如某一天，你先与室友交谈，然后去上课，最后回到家和妈妈交谈，另外你还有可能参加了一次义卖活动。在这一天你的角色转换了许多次，有朋友身份、学生身份、孩子身份、商家身份、慈善者身份等，每一种身份都确定了你应该怎么说话。当然，这些东西你可能了解，只是你没有意识到而已。

我们在不同场合说话，还必须符合当时的语境，也就是说，我们所选择的材料、语言内容、表达方法和说话结构都要切合特定的场合，符合特定的时间、地点和人物等因素。

如果参加一个喜礼，人们会期望我们在仪式中说："这个孩子真漂亮。"但是如果你说："这孩子我可不大喜欢，他长得太奇怪了。"你就会引来无数责备的眼光。在婚礼上，我们应该祝福新婚夫妇幸福、白头偕老，而且不要忘记称赞新娘很漂亮。

如果你在非洲东部的农村，遇到了一个非常熟悉的人却只是简单地说了一声"你好"，你可能会被认为很无礼，而且你也无法跟他们处好关系；你应该停下来，耐心细致地询问对方的家庭、家畜和健康状况。有些地方，在婚礼上对新婚夫妇说希望他们会有很多儿子是适合的；但是在美国，如果你还这么说的话，就会被认为是十分突兀和无礼的。

但是，很多人偏偏做不到这一点。水管工人可能会告诉你，你家的厕所需要一个新的套筒垫圈，而通常不会告诉你这是个什么东西——这会使你很茫然——因为他根本没有意识到他面对的是一个对水管修理一窍不通的人。显然，对他而言，这是一次失败的沟通。他应该告诉你套筒垫圈是什么东西，应该买多大的，最好还告诉你到哪里去买最实惠。

一位在夏威夷悠闲度假的文艺家接受了电视节目的采访。女记者这么问他："您这些天感觉好吗?"她本来可能是想问"您是否每天都如此悠闲地享受生活"，殊不知，她问的那句话是在询问别人的身体时才用的。结果，那位文艺家也只好平静地回答："是的，托你的福。"

而如果你在董事会上大大咧咧的，像平时对待同事一样，一点儿都不注意说话策略的话，你很有可能会给他人留下不好的印象，从而面临失业的危险。

说话要注意方法

一次，一位政府高级官员把美国参议院调查委员会的委员们搞得坐立不安、如坠云雾。这位官员不停地比画，却含混不清、毫无重点，根本没有把他的意思表达清楚。结果委员们的困惑也逐渐增加。

后来，一位来自贝卡罗来那州的参议员小萨姆尔·詹姆士·阿尔文抓住机会，打了一个精彩的比方。

他说："这位官员让我想起了我认识的一个男人。这个男人通知律师，他将与老婆离婚。不过他却向律师承认，他的老婆很漂亮，饭菜做得好吃，是个贤妻良母。

"律师问他：'既然她这么好，你为什么还要离婚呢?'

"'她总是在我的耳边说个不停，让我受不了。'这个男人说。

"'她都说了些什么呢?'律师问。

"'我最讨厌的正是她这一点，'男人回答，'她从来就没有把话说清楚过。'"

这个高级官员正是这样的。遗憾的是，很多说话的人都是这样，大家根本不知道他们在说些什么，他们也从来没有说清楚，从未把自己的意思讲明白过。

“任何题材，说得好还是不好，完全取决于讲那件事的人怎么样去讲，而不在于所讲的是什么。”这句话出自英国著名政治家昆特莱，一度流传甚广。

说话真的有这么难吗？不是的，只是我们需要掌握一定的方法而已。罗德威·威根斯坦说：“凡是可以想到的事情，都是可以清楚地思考的；凡是可以说出来的东西，都是可以清楚地表达的。”

如果你想要把自己的意思表达清楚，让对方毫不困难地了解你，你可以学着使用下面的方法：

限定你的要点

一个人曾经在 3 分钟之内谈了 11 个要点。这就是说，他用平均 16.5 秒来说明一个要点。可是即使他是一个天才，也做不到这一点。结果果然如此，他说得的确很失败。他就像一个导游带着一群游客，想要在一天之内匆匆地看完伦敦所有的风光——这是有可能的，但是，这样的游览有什么意义呢？看完之后，人们根本记不得自己看到了什么。他也是这样，说话时像一只羚羊飞快地从这一点跳到另外一点，弄得对方最终什么印象也没有。

有时，一些经验丰富的说话高手也会犯这样低级的错误。不过，由于他们具备多方面的才华，所以错误并没有一般人那么严重。但是你千万不要向他们学习，你应该紧扣你的主题。把你的主要观点讲好之后，对方也会被你深深吸引住的。

逻辑顺序要清晰

所有的说话内容都可以用一定的时间和空间顺序或者事物的内在逻辑顺序进行组织。像时间，我们既可以按照过去、现在、未来的顺序来组织、展开说话内容，也可以采取完全相反的顺序。而在空间顺序的说话方式上，则可以以某一点为出发点，然后向外拓展；当然，也可以按照方位的顺序来处理。另外，还有一些题材，其本身就有自己的内在逻辑顺序，你只要依照它去说就行了。

逐条说明重点

在你说话的过程中，要明白地表达你的重点，并且告诉别人，你将怎样讲、接下来会讲什么，这样的话对方会很容易对你的说话有一个条理清晰的好印象。你可以这么说："我要讲的第一点是……"接下来谈论你的第二点、第三点，这样就显得简单而清晰。当然，你也可以使用其他的关联词语。

在美国国会联合委员会举行的商业会议上，著名的经济学家、伊里诺州参议员道格拉斯发表了成功的演讲，他巧妙地运用了这种方法。

一开始他说："我为大家演讲的主题是：最迅速、最有效的经济增长方式是减征那些差不多用尽全部收入的中低收入阶层的个人所得税。"

接着，他用这样的方式继续他的演讲：

"具体说……

"进一步说……

"此外……

“我这样说，是基于以下三个理由：第一……第二……第三……”

最后他说：“总之，我们要做的是立即减征中低收入阶层的个人所得税，以增加需求与购买力。”

这样，整个演讲显得紧凑有序，而且很有说服力。

让对方熟悉你的题材

这个问题我们之前已经谈论过了，那就是慎用专业术语，用人们熟悉的语言和题材来跟他们说话。

借助工具

你可以借助工具来说明你的问题。它可以是一些你讲述到的东西，也可以是图片资料或者幻灯片。在这个科学技术日益发达的社会里，这些东西往往使人们觉得比较亲切，它们更能吸引人们的注意力，更能激发人们的兴趣，而且可以更清楚地表达我们的观点和思想。

话要说到点子上

如果一个朋友对你说一件他经历过的事情时这样说：“我到一家公司去谈业务。那家公司在 ×× 街的转角，门牌是 ×× 号。×× 路正在修马路。我记得这家公司以前不在这个位置，以前应该是在 ×× 街，也可能不是。我去那家公司遇到了……”

虽然他讲了一大堆话，但是你发现你根本不知道他想要讲什么。后来他终于讲到他在那家公司遇到了一个老同学，你才恍然大悟，明白他要讲的原来是这件事。

其实他不必说那么多话。他为什么不直截了当地把要表达的意思说清楚，却说了那么多不知所云的废话呢？那是因为他没有说到点子上。

你可能也面临过这样的困境：当你费尽九牛二虎之力终于讲完的时候，对方却仍然一片茫然，他根本没有听出来你打算讲什么意思，直到你最后强调了你的观点之后，他才会说："哦，原来你要说的是这个！"

我们都知道这么说话的效果很差，因为你既没有让别人明白你的意思，又没有使你的话具有很强的说服力。原因在哪里？因为你没有说到点子上。

很多人在表达观点时，喜欢在最后才引出自己的结论。这是他们在中学和大学里学到的技巧。这样做导致的结果是，在得出主要观点或者结论的时候，对方早已对你所说的话没有兴趣了，因为他们已经没有足够的耐心了。这也是由于你没有抓住重点。

有人认为，说话说得越长代表说话者的水平越高。这是一种错误的看法。

林肯总统在葛底斯堡的讲话也只有226个字，但它却流传至今。在那次典礼上，来自马萨诸塞州的爱德华·伊韦瑞特发表了长达两个小时的演讲，随后林肯却只讲了两分钟，可是你对爱德华·伊韦瑞特这个名字有印象吗？

事实上，无论事情多么复杂、道理多么深奥，都只是那么一点或者几点经过概括和抽象的认识。而这些认识，是精华，是核心，是本质。只要抓住他们，你就能使你的说话言简意赅、简练有力。

当你和别人交谈时，你说了一大段话才把观点表达清楚，或者更糟，你自己都不明白自己在讲什么，尽管对方表现得彬彬有礼，可他们还是会面带倦容。你完全可以说得更加简练些，用尽量少的话表达你的观点，即抓住你说话的重点。

当然，如果你觉得必须用一篇论文才能说清楚你的观点，我们并不反对。但是如果事情明明可以用一句话说完，你为什么非得把它说成一篇论文呢？根据经验，长篇大论一般都会损害你说话的内容。当你把它写成论文的时候，你必然会用许多与你的意见毫无关系的词语来充斥你的论文，从而使你说过多的废话。

上面的道理听起来似乎很容易，但是人们往往因为各种原因，在实际讲话的时候忘记了这一点。

约翰是美国加利福尼亚的一个富翁。某年他飞往国外，准备在当地寻找合作伙伴投资建厂。三天后，该国某厂的一位经理跟他进行了商业谈判。这位经理十分能干，通晓市场行情，约翰对他十分满意。他接着对合资企业的前景作了一番令人鼓舞的描绘，令约翰感到十分高兴。正准备签约时，这位经理颇为自豪地说："我们公司 2000 多名职员，去年共创利 100 万美元，实力绝对雄厚……"

约翰一听，心里想：2000 多名职员一年才赚这么一点儿钱？这离自己的预期利润相差太多了，而且，这位经理还这么自豪和满意。于是约翰当即终止了合作。

试想一下，如果那位经理不说那句沾沾自喜的话，谈判就一定成功了。正是他不着边际的话暴露了他和公司的弱点，从而使他失去了这笔重要的业务。回想起来，那位经理一定会十分痛心。

我们经常看到，有的人滔滔不绝地谈论，然而词不达意或语无伦次，让人听了生厌；还有些人则喜欢夸大其词。我们在说话的时候，一定要把多余的话去掉，准备一些简单明了的话，一开口就往点子上说，千万不要生拉硬拽，令人不知所云。

关键时刻停三秒

你可能遇到过这种事情：说话者才华横溢、口若悬河，当他说完的时候，人们确实觉得他说得很精彩，但是如果让他们回忆哪些地方精彩的话，他们会告诉你没有什么印象了——他们可能只是对最后几句话印象深刻。

在关键时候停顿下来，能够使你的讲话增添趣味，就好像是在烹饪的好汤里撒盐一样。大多数情况下，停顿运用得太少会使说话索然无味，而这样势必会影响讲话的质量。

良好的说话技巧表现在，它既能够帮助对方更好地理解，也恰恰能够帮助你达到说话的目的。这其中一个重要的技巧就是说话的停顿。有意识地运用停顿，你几乎可以达到你希望达到的所有效果。很多人都经常忘记，停顿和说话是一起被人们听进耳朵的。

林肯总统讲话时有一个绝好的技巧，就是在他想把一个重要思想深印到对方脑海里的时候，就把自己的身体前倾，两眼盯住对方，一言不发。这突然停顿的效果和突然的一声巨响一样，都是惊人的，那就是能引起对方最大程度的注意。

当林肯与道格拉斯议员做著名的辩论的时候，他惯常的忧郁表情显然不利于他，因为这使他说出来的每一个字，仿佛都带有凄凉的味道。因此，当将要结束的时候——我们认为这个时候是辩论的高潮——他突然卷起他的衣袖，两眼逼视讲台下那些快要打瞌睡的，也可能是对他怀有好意的听众，沉默一会儿后，用一种特别的声调说：“我的朋友们，我和道格拉斯先生，无论谁当选为上议院议员，其实都不重要。可是，今天，我要在你们面前提一个很重要的问题，这个问题的重要性远远在我私人的利益或者任何党派的命运之上。朋友们！”说到这里，林肯又停了下来，看着听众，让他们等待他接下来的话，以便让他们能够把接下来的每一个字都印到脑海里，“那个问题，即使在道格拉斯先生和我死后被埋进地里，好辩的舌头已经腐烂、不再说话的时候，它也仍旧存在，而且仍在所有人心中燃烧。”

有人评论林肯的这个技巧时说：“这几句简短的话和他讲话时的态度，触及了每一个人的心灵深处。林肯在讲话时，常常在一些重要的字句之后突然停顿一下。他深知这样的一种沉默，可以将他的每一个重要意思完全送进别人的脑海中去。”

罗兹爵士也常常是这样。他在每一个重要字句的前后都要停顿几秒钟，甚至在一句话中会停顿三到四次。而且，他停顿得十分自然，一点都不勉强、做作。

现在，我们把下面一段话中应该停顿的地方标了出来。所标的东西不是不能改变的，这没有一定的法则。而且，也许你今天认为要在这个地方停顿，明天却以为应该在那个地方停顿。当你试着读它的时候，最好先用不停顿的方法读一遍，以便比较停顿后的效果。

“商场如战场，（略停顿，以便使这句话印入听众的脑海中）只有以战士般的勇气才能在商场中立于不败之地。（停顿）我们或许并不想这么做，但是，要知道，这种情况不是我们造成的，（停顿）而且，我们也不能改变什么。（停顿）如果有一天，你加入了一个商战的联盟，你就得拿出你的勇气来。（停顿）不然的话，（停顿一两秒）你干任何事都会有失败的危险。（停顿）就像打球一样，（停顿）如果一个人想一棒把球打出去而可以使人跑完三垒，那么就不要对对方的投手感到畏惧。（多停顿一会儿）请务必记住，（多停顿一会儿）那位能够一棒把球击出球场以外而安然跑完全垒得到一分的球员（多停顿一会儿，以使听众着急等待你说出是谁），在他的心里，必定是早已经有了坚定的意志，他一定咬紧了牙，为他那一棒惊人的事业做好准备了。”

另一方面，停顿有助于你减少使用语气词。你可能经常用“唔”“嗯”“你知道”等毫无意义的词语，这些词语经常是在你自言自语或者寻找合适的机会时讲出来的。如果你频繁地使用这些语气词，它们会使你的讲话比连贯时更容易分散对方的注意力。停顿就能够让你不发出不必要的声音。

你可能担心停顿会使你流畅的讲话出现空隙。事实上，如果在必要的时候停顿的话，你就赢得了对方的注意力，也赢得了他对你接下来要讲的话的急切盼望的心情，同时也给了他一个很好的机会对所听到的内容有所反应。而且，在你停顿的时候，你可以利用这个时间回味一下你的上一句话。

当你有意识地停顿的时候，你一定要看着对方，或者用目光盯着他。如果你看着你的脚尖的话，他可能会以为是窘迫和尴尬使你停了下来。那样一来，你就会得不到应有的效果，即使后来你让人们知道你很自信，也会得不偿失的。

别光顾自己说

这个题目的意思是：我们在讲话的时候，必须顾及听话的人。

有很多人有这样的毛病：他们一开始讲话，就以为自己是这个世界的主宰了，从不考虑对方的反应和感受；他们不知道根据对方的感受来调整自己的讲话策略。

许多人在说话时只谈论自己感兴趣的事情，而对方对这些事情却感到无聊之极，他们不知道应该根据对方的兴趣来改变话题。

也有这么一些人，他们在讲话的时候，完全依靠自己的思考方式来表达，就好像是在自言自语一样。

为了解决上面的问题，你必须和听众进行沟通，而不是自己说自己的。你可以依照以下的方法来做到这一点：

谈论对方感兴趣的东西

对方之所以会对你的说话感兴趣，是因为你的谈话内容和他们有关系、与他们的兴趣有关系，或者与他们的问题有关系。正是这种与对方相关联的内在联系，才使讲话者能够抓住听话者的注意力，从而保证听和说之间的沟通顺利进行。而这种沟通，正是你说话成功与否的重要评断因素。

注意，我在这里说的不仅是你整个说话的主题，而且包括你说的每一个字句，你必须保证它们是与对方有关的。艾黎克·琼斯顿是美国前商会会长，他时刻注意到要针对说话对象的兴趣讲话。他的每一次演讲都不会让听众觉得他是在念油印出来的一份拷贝文件，而像是特意为他们准备的。演讲者根据听众所关心的事情和兴趣来演讲，听众绝对会更加注意。

如果面对听众时你从不顾及听众心中自认我为中心的天然倾向，你就会发现自己面对的是一群烦躁不安的人。他们会表现出对你的演讲很不耐烦，会不时地看时间，并且渴望离开。为避免这样一种情况，你应该随时注意你所说的是不是听众所感兴趣的。如果不是，就请换点他们感兴趣的东西。

鼓励对方积极参与

你可以用一点小小的技巧，以便让对方紧跟着你的思路前进。如果你在说话的时候能够让对方来协助你展示某个观点，或是把你的观点戏剧化地表达出来，他们的注意力必然会集中到你身上。

这是因为，当对方被你带入“表演”中时，他们就会敏锐地观察所发生的事情。很多说话者意识到了自己和对方之间存在着一堵墙，但是他们不知道，如果能邀请对方共同参与，这堵墙就可以被推翻。

提问也是一种最常用的方法。一些说话高手总是喜欢请对方跟着他重复一句话，或向对方提一个问题。帕西·H·华亭曾经提出了一些如何让听众参与讲话的建议。他建议可以让对方对一些事情进行表决，邀请他们共同参与解决问题。

他把听话者描述为“企业的伙伴”。如果你让对方参与进来，那么你相当于把合伙人的权力送给了他们。

让对方进入场景

如果你确实很想和对方沟通，你就必须了解他们，并且让他们知道这一点。

一位交流学家给一家废物处理公司的执行董事们做了一次培训。

在培训之前，他特意在一辆垃圾车上工作了三天。他一开始就告诉他们，自己已经拖运了三天的垃圾。“他们完全被我吸引住了，”这位交流学家回忆道，“我的观点很好地被接受了。”显然，这是因为他和对方很好地联系在了一起，因为他了解到了他们的感受。

强调优点

要确保对方清楚他们可以从你的说话中得到需要的东西。因此，你需要在讲话的开始就强调对方所能获得的好处，并且要不断地强调。

一位说话高手会在他讲话的时候，一开始就提出一个对方可能会问自己的问题，然后告诉对方可以从他的讲话中找到答案。这是个非常好的技巧。

让对方也说话

当你在说话的时候，可能对方也有要说的东西。这个时候，你必须给他这样的机会。这么做的最大好处是，如果你想说服一个人，最好的办法莫过于借助于他自己的嘴巴。

说的话要引人入胜

一般而言，人的注意力很不容易集中，除非你的谈话有足够的吸引力。当你以单调低沉的语气在某一个主题上平淡而谈时，对方容易感到乏味，从而导致注意力不集中。

在一次不甚精彩的演讲中，听众中间有一个人站起来离开了。他的妻子站起来对大家解释说：“请原谅我的先生，他有梦游的毛病。”连演讲的人都笑了。

如果你不想在你讲话的时候出现这样的情况，你就必须学会抓住对方的注意力。如果发现对方根本没有注意到你在讲什么，你就必须改变你的话题（当然，是暂时的），或者改变你讲话的方式。

林肯是能够抓住对方注意力的，他非常清楚怎么样才能做到这一点。在做律师的时候，一天，一位老态龙钟的妇人找到他，哭诉自己被欺侮的事。这位老妇是独立战争时一位烈士的遗孀，每月靠抚恤金维持生计。不久前，出纳员居然要她交一笔手续费再领取抚恤金，而这笔手续费差不多相当于抚恤金的一半，这分明就是勒索。

老妇在林肯的帮助下把出纳员告上了法庭，但是被告在法庭上矢口否认他向这位老妇要过手续费的事情。由于这个狡猾的出纳员是口头对老妇进行勒索的，在没有凭据的情况下，形势显然对老妇不利。

轮到林肯发言的时候，无数双眼睛盯着他，想看他有没有办法扭转乾坤。

林肯用自己抑扬顿挫的声音开始了辩护。他首先把听众引入对美国独立战争的回忆。林肯两眼闪着泪光，述说爱国志士是怎么忍饥挨冻地在冰天雪地里战斗，为浇灌自由之树而洒尽最后一滴鲜血的。最后，他以巧妙的设问，得出令人怦然心动的结论：

“现在历史已经成为遗迹。1776年的英雄们，早已经长眠于九泉之下。可是他们那衰老而可怜的遗孀还在我们面前，要求替她申诉。不用说，这位老妇人以前也是位美丽的女子，也曾经有过幸福美好的家庭生活。不过，战争和岁月使她失去了这一切。她变得贫穷无依，不得不向享受着革命先烈用鲜血和生命争取来的自由的我们请求援助和保护。试问，我们能熟视无睹吗？”

发言戛然而止。人们被感动了，他们中有的捶胸顿足，扑过去要揍被告；有的眼圈泛红，流下了同情的眼泪；还有的当场解囊相助。在人们的一致要求下，法庭通过了保证烈士遗孀不受勒索的判决。

光是善良，并不一定能使林肯赢得这场官司。但是林肯巧妙地把人们——包括法官——的思维引到有利于他的一面，从而赢得了这场官司。

这就是引人入胜的好处——它能使对方被你的话吸引住，从而被你说服。你必须使自己的讲话引人入胜，这样才能吸引对方。

一位政治家跟一群农民闲谈关于政治的话题。他发现当自己讲了一大段话之后，农民们还是心不在焉，没有认真听他说的是什么。于是他给他们讲了一个幽默故事：

“三个年轻人救起一个不慎落水的政客。为了报答他们，政客说可以尽量帮他们实现愿望。第一个年轻人说：‘我希望进入西点军校，但是我的成绩不理想。’政客回答说：‘没问题，你能进了。’第二个年轻人说：‘我申请进入安娜波利大学，但是遭到了拒绝。’政客回答说：‘不用担心，你可以进去了。’第三个年轻人说：‘我希望被埋在阿灵顿国家公墓。’政客很吃惊，问他：‘公墓？为什么？’那个年轻人回答道：‘如果我父亲知道我救了你，我会被他杀掉的！’”

农民们大笑起来。政治家接着说：“看来，一般人对政治家很有偏见，可那是因为对政治不够了解……”农民们很快就认真地听政治家讲话了。

这位政治家说了一个幽默故事以吸引对方来听他讲话，他的方法十分巧妙。幽默可以营造气氛、松弛紧张情绪，并建立你和对方之间的友好关系。如果办得到的话，在你的谈话中插入适当的幽默故事，会使对方对你的谈话更加感兴趣。

当然，以上所说的这些并不是吸引对方注意力的全部方法。我们在实际的讲话过程中，需要自己去积累、总结这样的方法，然后用到讲话中去。

一般而言，我们在做到引人入胜这一点上，需要注意以下一些问题：

风格

你必须要具有自己的风格，这样才能展示属于你的东西。比如，大多数人喜欢讲话者风格明快，也不排除有人喜欢晦暗的讲话。但是，如果可能的话，尽量使自己的讲话属于明快型的。

声音

人们听到的是你的声音，而不是其他的东西。如果你的声音很动听，而且自己也把握好了怎么去说每一个词句，你必定能吸引更多的注意力。

语气

说话时要注意你的语气，不要太轻，也不要太重。

思路

你需要表达得更有条理，这就是你的思路。在讲话的时候，你要想清楚自己要讲什么、怎么讲、讲到什么程度，你应该把话说得清楚、果断而且有条理。

说话应遵循礼仪

这一节专门来谈说话的礼仪。事实上，本书所讲的关于说话艺术和技巧方面的东西，有很大一部分都与礼仪有关。比如，牢记他人的名字，这不仅是一种策略，也是一种礼仪；不指责别人的错误，这是一种礼仪；说话得体，也是出于礼仪上的考虑。

由于礼仪包括的内容过于庞杂，现就其中几个重要的方面进行扼要的讲述。

称呼

称呼得体在很大程度上决定着人们交往活动的成功。社会心理学家们认为，得体的称呼能使人们心情愉快，能拉近人和人之间的距离，有助于形成亲密的人际关系。

不同的地区、不同的民族和不同的语言传统使称呼的差异很大，不同的职业、职务、年龄等也使称呼变得十分复杂；而且，即使是同一个人，在不同的场合、不同的时期，称呼也会有很大的不同。在某种程度上，称呼就是人们社会身份的象征。前面已经讲过，称呼不仅仅是一种礼貌。不论你怎么去称呼他人，你都必须强调这样的一些意思，即“你很重要”“你很好”“我对你很重视”。基于此，再具体谈一些需要注意的问题。

记住对方的姓名。这一点已经在前面讲过了。

符合年龄和身份。称呼对方，必须符合对方的年龄、性别、职业和身份等具体情况。对年长的人，我们要恭敬；对同辈，则需要表情自然、热情友好；对晚辈，则要慈爱、谦和；对高职务者，比如你的上司，你最好称呼其职务或者职称，以表示你对他的尊敬。总之，我们需要讲究礼貌而又不卑不亢。注意千万不要使用“喂”等词来称呼他人。

称呼多人的时候要有序。比如当你在一个宴会上同时面对很多人时，你最好向他们一一问好，而不要只说：“大家好！”否则，对方可能会以为你在敷衍他们。在这个时候，你应该遵循的顺序是：先老后幼、先女后男、先生疏后熟悉。称呼能直接地反映出你的道德修养、知识水平和文明程度，同时也能展现出你的交往技巧。

自我介绍

当你面对陌生人的时候，出于礼貌，你需要适当地介绍自己的一些情况。初次见面，每个人都希望了解对方以及得到对方的尊重，而简单明了的自我介绍可以满足对方的这种需求。

而自我介绍的内容，需要根据实际的需要、所处的场合来决定，必须有所取舍。比如，在一般的社交场合，你可以只简单地介绍自己的姓名；如果你希望跟对方深交，你需要把你更多的情况，比如职业甚至兴趣等都与对方分享；如果对方是你的同行，你可以介绍自己专业研究领域的一些情况。

需要注意的是，在作自我介绍的时候，不论对方是什么人，你都应该保持自信而不骄傲的态度。

寒暄

你可能需要跟陌生人或者熟人进行没有多大实际意义的谈话，但是这种寒暄是必要的。你在宴会开始前、在路上、在会晤前都需要跟人寒暄，不然就会冷场。当你寒暄的时候，需要注意对象，不要对每个人都是一套相同的话；需要注意环境，这可能跟你寒暄的内容有关；还需注意适度性，要适可而止。

介绍他人

介绍他人是为彼此都不熟悉的人引见的一种介绍。我们通常需要注意以下问题：

介绍时要注意顺序。一般而言，你需要先将年纪轻的介绍给年长的人、把身份低的介绍给身份高的人、把男士介绍给女士（如果身份、年龄相同的话）、把客人介绍给主人。

介绍时应该注意自己的体态。你需要做到自然和协调；你最好是站起来介绍他人，面带微笑；当你指向被介绍人的时候，不要用食指指向他，而要手掌向上地指向他。

介绍不要太长了。如有必要，你只需要引出他们可以谈论的话题即可。

介绍时语气要热情、文雅、有艺术性。

一位主持人向大家介绍演讲家兼作家约翰·布朗时，这样对大家说道：

“先生们，请注意：今天晚上我给大家带来了不幸的消息——我们本来想邀请马那龙先生来给我们讲话，可是他来不了了，因为他病了；后来我们想请参议员哈里斯前来，但是他实在太忙了；最后，我们还打算请来画家李约翰，但是他出了事故。因此，我们只能请到约翰·布朗先生。”

无论是谁，被这样介绍恐怕都受不了，而且这样的介绍十分冗长——向大家介绍了活动的组织过程，听众对此可能并无兴趣。我们需要注意这些问题。

拒绝他人

当你面对一个你不想接受的邀请或不同意的观点时，你必须坚持自己的原则和立场，但是又不能伤害对方的感情。这时候，你需要委婉地表达你的观点。

在拒绝对方之前，需要先为对方想想。你要说服对方你之所以拒绝，绝不是因为自己想这么做，而是不得不这么做。

比如，当上司交给你一个任务，并且要求你在一个不合理的期限内完成时，你可以表示拒绝。但是，你不能直接对他说："对不起，我完不成！"这样可能会伤害到他的感情。你应该这样说："您交代的工作我不能马马虎虎地交差了事，但这么仓促的话，恐怕无法达到符合你期望的效果。"

当说"不"的时候，你要让对方知道，你所拒绝的只是一件"事"而已，而不是他这个"人"。你不能说："我不能为你做这件事。"而应该说："我不能做这件事。"

尽可能不要在你拒绝别人、说出"不"以后就没了下文，你最好向他解释你为什么要拒绝他，比如你可以说"我了解你现在的心情"，"我以前也是这么觉得"或"下次有机会的话，我一定……"等等。

以上只是大致说了几个需要注意的基本问题，实际上在平时的说话中，你需要注意更多的礼仪问题。

第八章

高效沟通的策略和技巧

从双方投机的话题谈起

有一天，爱默生和他的儿子想把一头小牛弄进牛棚。爱默生用力拉，儿子用力推，但是小牛就是不肯进去，因为它更加喜欢牛棚外面鲜美的草。一位爱尔兰农妇见到这种情形，就把自己富有母性的指头伸进小牛的嘴里，让它感觉到自己在吮吸母牛的乳头。于是，它一面吮吸，一面跟着农妇进了牛棚。这位农妇不会像爱默生那样写散文，但是她却更加懂得小牛需要什么，因而能够轻易地解决这个难题。

第一次世界大战期间，英国首相劳埃德·乔治也用了这种方法来处理人际关系。那时候，一些战时的要人，像威尔逊、奥兰多、克里孟梭等都已经在人们的心目中褪色了，唯有乔治还能够占据重要的领导地位。

乔治说，如果一定要用一个原因来解释的话，那就是他每次在钓鱼之前，都是首先问鱼儿喜欢吃什么。

不错，每个人都有自己的需要。你认为这很幼稚、很荒唐吗？事实上，除了你自己，你不会对任何人、任何事感兴趣。因此，总是和对方谈论你想要的东西，或自己感兴趣的事情，这是极为不明智的。你感兴趣的是你自己的需要，但是如果你想赢得他人的欢心、改善与他人的关系，你就首先要问对方需要什么，看看对方对什么感兴趣。

当然，从对方感兴趣的话题入手，还有一个问题需要解决，那就是，如果你自己对这个问题不感兴趣或者不同意对方的意见怎么办？要知道那样会很容易引起争执。所以，我们在一开始谈话的时候，不但要注意选择的这个话题应是两个人都感兴趣的，而且是双方持有相同意见的。即使你对这个话题并不感兴趣，也至少应该表现出你很感兴趣的样子；假如你对这个问题有不同的看法，你也需要把它藏在心里，不要把它说出来。

从双方投机的话题谈起，这样做会有很好的效果。耶鲁大学已经过世的教授菲尔普在小时候就曾经有过这样的经历。

菲尔普 8 岁的时候，有一天，他到他的姑妈家串门。晚上，一位中年人也到姑妈家来做客。打完招呼之后，那位先生立即把注意力集中到了他身上。那时候，菲尔普对帆船十分感兴趣，而那位中年人恰好也跟菲尔普有相同的爱好，并且跟他一样，也认为西班牙的帆船是全世界最好的帆船。于是，两个人非常高兴地谈论了许多关于帆船的知识。客人走后，菲尔普依旧十分激动，他兴奋地对姑妈说："这个人真有趣，居然对帆船有这么大的兴趣。"

但是姑妈说的话却让他大吃一惊。姑妈告诉菲尔普，其实那位客人是个律师，而且他本来对帆船毫无兴趣。

“那么，”菲尔普不解地问道，“他为什么跟我谈了这么多关于帆船的话呢？”

“他是一位绅士，”姑妈说，“是一个很有修养的人。他知道谈论让对方感兴趣的事情并且跟对方取得一致的意见，能够使对方感到愉悦，也能够使自己受到欢迎。”

由此可见，即使你是装着对某一个话题很感兴趣，并且跟对方是一样的意见，这对你的社交也是有很大的帮助的，更不用说你真的如此了。

杜甫洛是一个面包公司的老板，他一直在想办法将自己公司的面包卖给一家大酒店，因为这家酒店不但需求量很大，而且在业内很有影响，可以为他们树立一个很好的口碑。四年以来，公司的销售代表差不多每个星期都去拜访一次那家酒店的总经理，而且租用酒店的房间，但是这些措施都失败了。杜甫洛决定改变一下策略。

他搜集到了这家酒店总经理的许多资料，他惊奇地发现这位总经理原来是美国酒店业协会的会员，而且因为热衷于该协会的活动，成为该协会的会长。而杜甫洛本来就对酒店业有着十分浓厚的兴趣，并且一度想要加入酒店业协会。

这一次，杜甫洛亲自拜访酒店总经理的时候，就以酒店业协会为话题开始了他们的谈话。果然，这位总经理对这个话题十分感兴趣，兴致盎然地跟杜甫洛谈了半个小时。这场谈话无疑使总经理非常高兴。在杜甫洛离开的时候，总经理邀请他加入酒店业协会，杜甫洛则愉快地接受了他的邀请。

在谈话中，杜甫洛并没有向他提起关于面包的事情。但是，几天之后，酒店的一位分部经理打来电话，要杜甫洛把面包的样品和价格表拿到酒店去。

“我不知道你们对总经理用了什么高招儿，”那位经理说，“不过，你们确实已经成功了。”

在一开始的时候，从双方投机的话题谈起，不仅能够打开话题，而且会使对方消除紧张和戒备心理。如果你能够和对方取得一致的意见，对方就会慢慢地接受你，进而接纳你的意见，增进和你的亲密关系。

而如果你选取的只是你自己感兴趣的事情，或者是一个有可能存在较大分歧的话题，那么，你们的谈话就会变得十分糟糕。

善于倾听别人说话

我们每个人都最关心自己，这是人的本性。我们都非常喜欢讲述自己的故事，也喜欢听到与自己有关的东西。在这种心理影响之下，我们总喜欢独自滔滔不绝，完全不顾对方的感受；或者当别人说话的时候心不在焉，根本不去关心对方讲的是什么。即使是看起来沉默寡言的人，他们也很喜欢谈论自己。这种做法是跟别人交谈时最大的忌讳。

如果你想要成为一个受欢迎的人，那么就要学会倾听，要鼓励别人多谈自己；当别人要告诉你一些东西的时候，要认真地倾听。这样，他会认为你是一个明智、领悟力强，并且很有同情心的人。

在古老的东方，充满智慧的中国人用下面这个故事告诉了我们倾听的价值：

一个小国给中国的皇帝供奉了三个一模一样的金人，皇帝非常高兴。但是使者也给皇帝和大臣们出了一道难题，那就是：判断出这三个金人哪个最有价值。这让皇帝和大臣们十分为难。他们想了很多办法，请来珠宝匠称重量、看做工，用尽了各种办法，但是却发现三个金人是一模一样的。

皇帝和大臣们束手无策，于是把这个难题公布到全国各地。皇帝答应，答出来的人将得到重赏。终于，有一位隐居的智者说，如果能让他见到三个金人的话，他就有办法解决这个难题。

皇帝将信将疑地把智者和使者请到宫殿。智者仔细地看了看三个金人，发现每个金人的耳朵里都有一个小孔。于是他拿出三根纤细的铜丝，从金人的耳朵里穿了进去。

结果，插入第一个金人耳朵的铜丝从另外一个耳朵出来了；插入第二个金人耳朵的铜丝从它的嘴巴出来了；只有插入第三个金人耳朵的铜丝掉进了肚子里。于是，智者告诉皇帝说："第三个金人最有价值。"那位使者连连点头称是。

这则故事告诉我们，最有价值的人，既不是听到什么就左耳朵进右耳朵出的人，也不是听到什么就从嘴巴里说出来的人，而是那个把话放在自己心里的人。心理学家也告诉我们，倾听的价值就是了解对方的心理，使人和人之间形成一种良好的互动关系。有人说："上帝给了我们一个嘴巴，却给了我们两个耳朵，那就是用来听别人说话的。"这种说法虽然过于夸张，但是的确很有道理。

多年前，从荷兰来到美国的巴克家非常贫穷。在13岁的时候，巴克就不得不离开学校去当童工。他的工作十分繁重，工作时间很长，并且每周只能得到6.5美元。但是巴克从未放弃学习，而是用省吃俭用节省下来的钱买了一本《美国名人传全书》。他抓紧时间读完这本书后，写信给这本书上的名人，请他们说说童年生活中的一些事情。

14岁的巴克是一个善于倾听的人。他鼓励名人讲述自己的童年，并把它们记了下来。他请过爱默生讲述自己的童年；格雷将军给了巴克一张地图，并且邀请他一起吃饭，和他谈了一整夜；他还询问过当时正在参选总统的加菲大将，问他是否在运河上做过童工。他把这些资料整理起来，并且成为这些名人的座上宾客。同时，他吸取了这些名人成功的经验，最后终于也走向了成功。

面对那些激烈的批评者，我们最需要做的就是忍耐和沉默——这并不是一件容易做到的事情，但这也正是成功者和失败者的区别。

纽约电话公司最近遇到了一个麻烦，一位顾客毫无理智地大骂公司的接线员，并且拒绝缴纳电话费。他向媒体写信，恶毒地攻击电话公司，最后还向公众服务会投诉。电话公司不想惹这样的麻烦，于是派了一个说客拜访这位顾客。那位说客后来说：

“我第一次去的时候，那位老先生说了三个小时。以后每次去，我都只带耳朵不带嘴巴。我先后去了四次。第四次去的时候，我圆满地解决了这个问题。他向我们道了歉，答应撤销诉讼，并且缴纳了电话费。”

这说明了什么？那位顾客可能并非真的愿意跟电话公司作对，而

是想要得到一种被尊重的感觉。当那位高明的说客满足了他这个要求后，他就立刻不再为难公司了。

享有“世界第一保险推销员”美誉的哈默里，是做保险生意获得成功的第一人。他成功的秘诀就是真诚地倾听客户的谈话。一般情况下，他同客户谈话的时候，往往主要是做一个善于倾听的人；而当客户沉默寡言的时候，他就会想办法提出各种各样的问题，鼓励对方说话。哈默里就是用这样的方法，使自己在一年之内做成了几千万美元的保险业务。

摄影记者伊斯阿克·麦克逊采访过世界各地的许多名人，他成功的方法也是善于倾听。他说：“人们之所以不能给别人留下很好的印象，就是因为不善于倾听。我们只关心自己要说些什么，而从来不会等对方把话讲完。许多名人都曾告诉我，他们喜欢的是那些善于倾听别人说话的人。倾听别人谈话的习惯，跟优秀的品格一样重要。”

你在认真倾听的时候，最好能让对方知道这一点。这不但能够鼓励对方继续说下去，而且也能够使自己更容易集中精力。你可以通过以下这些方法来做到这一点：

进行目光交流

在倾听别人说话的时候，你的眼睛最好能够注视他。无论你的地位和身份如何，你都必须这么做，因为只有那些傲慢、轻浮、缺乏勇气的人才不去正视别人。

用语言配合对方

你可以简单地说“是”“太好了”“真的吗”这样的表示你的态度的话，你也可以问一些问题，以鼓励对方继续往下说。这些都表明你对对方的谈话很用心。但是，千万不要把别人说话的机会抢过来，除非对方已经说完了。

不要随便纠正别人的错误，因为你不能保证对方说的一定是错的；即使他错了，你的纠正也可能会使他难堪，从而失去谈话的兴致。如果过激的话，你们还可能会争执起来。这样的话，谈话就更没有办法继续下去了。

用肢体语言示意

在和对方说话的过程中，不要让对方以为你已经睡着了。微微地点一下头，或者欠一下身子，好像你要更加仔细地听他说话一样。但是千万不要动作过大，这会使对方认为你在故意捣乱，或者至少分散了对方的注意力。

重复重点词句

比如，对方在说“尼加拉瓜大瀑布很美”的时候，你可以说“确实很美”之类的话。这样，不仅让对方知道你在听，而且也说明你知道他要表达的是什么意思。

对要点进行解释

很多说话者担心对方没有听懂他的意思。因此，你要对要点进行适当的解释，借此来说明说话者已经把话说得很清楚，你已经明白他说话的意思了。

按六个步骤表达意思

我们在表达我们的意思的时候，要注意按照一定的步骤。这样做不仅能够使你有话可说和把话说清楚，而且能够使对方对你的话印象深刻。

大致而言，我们在表达意思的时候，需要按照这六个步骤去进行：

告诉对方你要说的是什么

在结束适当的开场白之后，开门见山地把你要表达的意思说出来。我们所处的时代是一个快节奏的时代。因此，说话的人切不可沉溺于那种冗长、闲散的绪论之中。

现在的人们都很忙碌，他们希望说话的人能够以非常直白的语言、一针见血地指出他想要表达的意思，而不是以他的主题来设置悬念。

他们希望不必拐弯抹角地得到某种知识，并且已经习惯于那种消化过的新闻报道。他们希望听到的话像麦迪逊大街上的那些广告一样——借助了招牌、电视、杂志和报纸，通过一些简洁有力的词语，把发布的信息告诉人们。他们没有耐心等你结束全部讲话后，再去猜测你要讲的究竟是什么。因此，你只有在一开始的时候就告诉对方你要讲的是什么，这样才能强调你所要表达的意思。

有些人说话喜欢在一开始用那种陈词滥调来引起对方的注意，这类话听起来让人生厌。比如，你应该直接告诉对方，在寒冬时开车需要更加小心。

对你的意思进行解释

当你说出了你想要表达的意思的时候，你需要对其进行适当的解释和说明。你可以进行纯粹的理论上的说明，但更好的办法则是运用实例去说明。这一步骤是对前一步骤的深化、详述和说明，因为仅仅一句话是不能让对方明白你的意思的，而必须加以说明。

要习惯于一开始就把自己要讲的主题用实例的形式告诉对方，通过这个例子，可以生动而具体地说明你想要向对方传达的意思。当然，需要注意的是，所举的例子必须是能够说明这个问题的。如果不合适的话，是会误导对方的。

如果你想要告诉人们的是一个事件，你必须告诉他们人物、时间、地点等要素，而且还应该告诉他们这一事件发生的过程；而如果是一个意见的话，你也要向他们深入地说明你的观点。

如果你想要表达“在寒冬时开车需要更加小心”这个意思的时候，你应该解释说：“我想要说的是，寒冬是我们开车时最需要注意的季节，如果稍不注意的话，我们的生命就会有危险。”当然，如果你的意思一目了然的话，也可以省去这一步骤。

为什么这么说

这个步骤对你来说十分重要，甚至可以说是最重要的，因为每个人都可以有他自己的观点，重要的是你如何去说明、论证这个观点。如果说“是什么”是你的观点的话，那么“为什么”就是它的原因。

卡耐基训练班的某位学员就“在寒冬时开车需要更加小心”这个主题，在进行了许多说明后，又举了下面这个例子：

“1949 年冬天的某个早上，我带着我的妻子和两个孩子在印第安纳州沿着 41 号公路开车北上。那时候，车子在镜片一样的冰上缓慢地行驶，我小心翼翼地把着方向盘，因为一点儿小问题就会使整部车子失去控制。

“我们的车子在冰上开了好几个钟头之后，来到了一条较宽阔的马路上。这时候，路上的冰已经被太阳晒得融化了。因为要赶时间，我踩了变速器。其余的车子都跟我一样纷纷加速，似乎每个人都急着赶往芝加哥。孩子们则高兴地在车子的后座唱起歌来。

“忽然，马路的上坡处深入一片林地。车子爬上坡之后，下坡的地方由于被林地的树木挡住了阳光，那里的冰还没有融化。我意识到危险来临了，想减速，但是已经来不及了。我前面的两部汽车急速地往下冲，我的车子也一样。汽车滑过路肩，停在了一处雪堤之上。幸运的是，车子并没有翻。但是紧跟着我们滑行而下的车子却正撞在了我的车子侧面，我的车门被撞坏了，并且车窗玻璃也纷纷落在我们身上。”

怎么样？这段描述是否能够说明他的观点？答案无疑是肯定的。他所举的例子真实又生动，这样的例子正好是我们在论证的时候所需要的。

这个意思怎么样

这个步骤是从对方的角度出发，更进一步地说明和解释你的意思。也许对方会对你所说的话表示反对，并且提出几条意见来反驳你。你最好在对方提出反对意见之前，主动想到他们可能会有的意见。

你必须对你的意思进行自我否定，然后去说明这一否定是错误的，并且考虑错在什么地方，这样才能使它更加可靠。对对方来说，它也才会更加可信。经不起质疑的意见是不可靠的，并且很有可能就是错误的。当然，这种思考必须在你准备说话之前就已经做好了。

对对方有什么用

许多推销人员说明了他的产品有很多好处，但是似乎并没有成功。这是因为，他说的固然有道理，但是可能跟顾客根本没有任何关系。对对方而言，最重要的不是有没有道理，而是这个道理跟他是否有关系。

如果他得不到任何有益的东西的话，那么他一定不会对它感兴趣。因此，你有必要告诉对方，你说的这个道理跟他有什么关系。你最好是找一个最适当的理由来打动对方，并且让他既同意你的意见，又会在这个意见的指导下去行动。

重复一遍你要说的意思

有些人讽刺说："在你结束你的说话之前，提醒一下那些已经睡着的人们该醒醒了。"说话结尾的作用当然不止如此，但是如果真的有人睡着了，你强调一下你的意思，至少能起到一定的作用。因为在现实中，即使你说得非常精彩，也可能因为对方的才智、知识水平等问题，或者因为你的说话时间过长，你的主要观点已经被他们遗忘了。

恰当地提问

在社会交往中，我们需要向别人提问题。当你向对方提出一个问题之后，他会觉得你对他的事情很感兴趣，因此很乐意跟你分享他的经验。

实际上，提问对于促进交流、获取信息、了解对方都有着十分重要的作用。善于提问，你就能够掌握谈话的进程、控制会话的方向、开启对方的心扉。

提问的目的就是要达到一种和谐的氛围。我们从讲话者的角度去提问题，往往能获得良好的沟通效果。因此提问时，要把握好时机，摸清对方的心理脉络，使谈话变成一种互动，使问答能够顺利地进行。不要提对方难以回答或者不愿回答的问题，也不要限制对方的回答。

一位顾客想要买一种适合自己汽车的轮胎，售货员需要先了解一些基本的情况，让我们比较一下以下两种不同的提问方式：

方式一：

服务员：你的车在什么级别的公路上行驶？

顾客：在柏油路上。

方式二：

服务员：你的车一般是在什么级别的公路上行驶？

顾客：一般是在柏油路上，周末可能去一些道路条件不太好的地方。

服务员：也就是说，通常情况下道路条件较好。

顾客：是的，但是我每天都需要翻过一座小山。

服务员：这样的话，车的轮胎会磨损很快的，而且拐弯驾驶对你来说一定非常重要。

顾客：的确如此。

很明显，方式二的服务员得到的信息大大超过了方式一，因此根据方式二提供的信息，服务员为顾客提供的参考一定会更加适合顾客的需要。两句提问，仅仅差了一个词，其结果却出现了这样巨大的差别，可见我们在提问的时候一定要注意技巧和方法。

为了方便起见，我们将提问的方式分为以下几种类别：

正面提问。开门见山地问问题，直接提出你想要了解的问题。

反向提问。从相反的方向提问题。

旁敲侧击地问。从侧面入手，迂回到主题上来。

设问。假设一个前提，启发对方思索，使对方回答。

追问。循着对方的谈话发问。

而根据提问的内容，可以将问题分为开放式的问题和封闭式的问题。如果你提的问题是一个封闭式的问题，比如“你喜欢什么动物”，你得到的信息将会非常少，因为这样的问题通常得到的是“是”“否”或者另外一些简单的答案。封闭式的问题对于那些打算结束别人啰唆的说话是非常有效的。

另外，当你在帮别人迅速地作出决定，在你想要使别人说得更加简洁一些的时候，它也很有效果。但是如果你希望对方继续把话说下去，维持正常的、热烈的谈话，你最好不要提这种问题。

像上面那个问题，如果换成开放式的问题的话，就可以是“告诉我一些关于你的宠物的信息好吗”，这样，对方的回答肯定是十分丰富的，你得到的信息也比较多，你甚至可以在他的回答中找到可以进一步发问的信息。封闭式问题和开放式问题的一个明显的区别是，前者有诸如“何时”“何地”“谁”“何事”“为什么”“是否”等词汇在里面。很明显，开放式问题比封闭式问题应用得更加广泛。

你可能曾经碰到过一些问题，让你不知道该怎么回答。有可能这并不是你的错，而是这样的问题根本就提错了。我们称这些问题为无用的问题——请注意，这些无用的问题都只是说，作为一个问题来说它是“无用”的或者对谈话继续进行是无效的。以下简单介绍几种无用的问题。

（一）导向性问题

如果你问“你认为我们是不是应该……”，这种问题有明显的导向性。实际上，你要得到的答案已经设置在你的问话里了。类似这种问题，我们都称之为导向性问题。作为一个问题而言，它没有任何意义——当然，你可能本来就没把它当作问题。类似的问题还有：

“你不是真的……吧？”

“……，是吧？”

“难道你不认为……吗？”

（二）假设性问题

假设性问题实际上是假设一种没有出现过的、实际上没有可能出现的情况，以此来达到自己的目的。这种问题实际上已经包含问话者肯定的、间接的断言了。类似的问题有：

“如果你处在我的位置上，你会不会这么做？”

“如果你像他一样得了第一名，你会想要……吗？”

（三）设定性问题

设定性问题就是先设定某人的状况，然后向他问问题。在多数情况下，这种问题是为了达到压制、强迫甚至打击的目的。这种问题只会引起人们的不适和警惕，因为他们很明显地会感到提问者另有深意。类似的问题有：

“你不是……吗？现在为什么却……”

比如，某人问道：

“你不是认为我们应该抵制日货吗，因为日本人对我国人民不友好？”

“哦，是啊！”

“可是我发现你现在开的是日本车。”

（四）多重问题

多重问题指的是将几个问题合成一个问题提问。这种问题往往导致人们不知道该先回答哪个问题，从而造成了尴尬。更加重要的是，当提问者附加了一些细节时，被问者往往找不到问题的重点。类似的问题有：

“你们是如何相处的？你们在一起有困难吗？你愿意告诉我这些吗？”

提问者提出了一连串的问题，这样无形中造成了紧张的气氛，让被问者不知道该先回答哪个问题，甚至不愿回答。

避免沟通中可能犯的十种过失

在高效的沟通过程中，我们必须避免一些经常犯的错误。这些错误只会使你和他人的沟通出现不愉快，进而影响到你们沟通的效果。下面简单地介绍十种可能犯的过失，至于更多的过失，需要你自己去慢慢地发现。

轻易地评价别人

我们在碰到一件事情的时候，总是会给它下一个判断、作一个评价。在通常情况下，如果别人说出某一件事情的时候，我们总是急于说出自己的意见。我们总喜欢给别人一个“好”或者“不好”的评语，就好像我们的意见是绝对正确的一样。或许我们希望通过评论别人来满足自己的优越感和自尊，因为我们在评论别人的时候，首先就已经自认为取得了评价别人的资格。

任何人都会反感对方采取一种高高在上的姿态。谈话时双方的地位是平等的。他跟你谈的可能只是自己的一个问题，他告诉你并不是因为他需要一个评价——即使这个评价他自己已经得出来了——而是需要对这个问题的解决，或者仅仅是陈述它而已。

当我们不得不发表自己的意见对别人进行评价的时候，我们当然不应该隐瞒自己的意见。但是“你是一个好人”或者“你真可爱”这类评价不会使对方满意，因为这表示你对对方不那么重视。

因此，你必须对他的优缺点进行具体的评价。我们实际上应该就事论事，而不要针对某一个人。也就是说，在我们评价一件事情之前，不要带有任何成见，更不要因为一件事就对某人轻易地进行评价。

对别人进行说教

我们每个人并非都是老师，对方也并不都是学生，可是我们总喜欢对对方进行说教。我们总喜欢告诉别人应该这么做，而不应该那么做；这么做是明智的，那么做是错误的、是愚蠢的。我们总是自认为比对方知道的东西要多，看得更加清楚，因此完全有资格告诉别人应该怎么做。原本是一般的谈话，一下子变成了课堂上的教与被教，谈话双方的身份变成了老师和学生。

有时候，我们并不了解对方做一件事情的全部原因，以及做这件事情时的全部情况。当别人犯了错误的时候，我们总喜欢用过于简单的道理去说明他做得不那么正确。指出别人的错误，对我们来说是一件“诱人”的事情，为此，我们即使失去了对方的理解和谈话的和谐气氛也会觉得在所不惜。

你应该试着从别人的角度去看问题，这样，也许你就不会对他进行说教，而是更加倾向于理解、尊重和欣赏他了。即使你想要帮助别人，也不要用说教这种硬气的方式。

揣测别人的心理

在潜意识里，我们都希望成为一个心理学家。我们经常对别人说“你理解得不够”或者“你患了妄想症”。即使我们并没有受过专门的心理训练，我们也似乎有一种天生的“推己及人”（用自己的心理去推测别人）的本领，并且自认为这样做是对的。

要知道，那些心理学家也并不仅仅是从心理上就能推测出一个人的心理特征的，而必须结合相当多的事实，才能谨慎地得出结论。我们好像跳过了这一步。

所以，不要不顾事实而无端地推测别人的心理，你能够看到的仅仅是事实而已，你只有通过事实才能读懂他的心理。

直话直说

我们经常会对别人说：“我这个人是个直性子，说错了话大家别见怪。”好像这样我们就能毫无顾忌地犯错误一样；对方也会有意无意地鼓励我们说：“有话就直说。”

事实是，我们常常因为这样的事情而和别人产生隔膜甚至发生激烈的冲突。当我们在进行谈话的时候，气氛看上去好像很融洽，但是某一天你可能会听到对方对这次谈话不满的评价，这个消息绝对会使你惊讶。

这说明，你的直性子实际上破坏了你们的关系，只是当时没有表现出来而已。

当你直接指出对方的错误，而并没有委婉地把你的意思说出来的时候，你可能并没有意识到你已经不自觉地伤害了对方。与此相同的是，你可能在不适当的场合说了不适当的话，因此给别人造成了伤害。因此，要尽量委婉地把你的意思表达出来。

命令对方做事或者接受你的意见

命令就是当你想要别人做某件事情的时候，你用非常肯定的语气告诉他，让他感到没有商量的余地。你让对方感觉到自己就像一台做事的机器一样。

另外，当你想要别人同意你的意见的时候，你可能会采取一种不容置疑的态度去赢得他的同意。在整个过程中，看起来好像你一直在与对方商量，实际上对方却没有表达自己意见的机会。

这两种形式会使你给人一种威慑的力量，使对方不至于反对你的意见。前一种情况，对方只是做了你让他做的事情，但是他不会调动自己的全部精力去做这件事情，并且只会考虑尽快地结束这件事情，而不考虑其他的因素；后一种情况则导致对方有不同的意见却没有发表出来，但是表面上好像你们已经取得了一致。

因此，你应该真正地去赢得他人的同意，应该让他自己说服自己，把你的愿望变成他自己的愿望。

独自诉说或倾听

有些人喜欢把别人当成一面墙壁，只让自己滔滔不绝地说，而让对方什么都不做；或者在整个谈话中，他们自己拒不发表任何意见，甚至一直沉默。看起来，他可能并不愿意这样做，而是当时的情形逼得他这样做。

这两种情形都是不可取的。我们都知道，所谓沟通，本来就预设了一个前提，那就是谈话是双方的事情。如果希望完满地谈话，必须两方面都积极地参与进来，共同构建和谐的氛围。在谈话中，“独角戏”是唱不起来的。

不说逆耳的忠言

人们往往以为说出一个人的缺点或错误是让对方不高兴的事情，所以我们通常保持沉默。

在很多情况下，我们确实反对直接地指责别人的错误，因为这将会导致谈话气氛的不和谐，甚至使对方产生敌对心理。但是，这并不意味着要隐瞒他人的错误。当我们发现他人有错误的时候，我们应该利用适当的时机指出来，而不是让它就这样过去。

我们和别人沟通的目的，是为了相互提高和人际关系的圆满。因此，如果你发现了别人的错误，并且用恰当的方法告诉了他，他一般情况下是会欣然接受的，因为说到底，这是为了他的进步。他接受了你的指正，当然会更加感激你，从而与你的关系会更加和谐。

不拘小节

我们在日常的交谈中，常常会犯一些小错误而不去注意。比如，一个人的打扮通常被认为是小节问题而不被顾及。我们考虑的可能是一些所谓的“大问题”，比如一个人要有才华、有知识，而不是究竟该怎么讲话。

这种想法的一个特点是，把那些属于“内容”性的东西的作用无限夸大，而把那些“技术”性的东西的作用无限缩小。殊不知，就是这些小节的东西在时刻地影响着你的说话形象，减低着对方与你交谈的兴趣，甚至引起了对方的反感，进而毁损了你讲话的效果。

说话模棱两可

如果我们不能准确地表达我们的意思，不能使我们一语中的，对方一定会认为我们另有所图。另外，可能你所表达的东西并不是你所想的东西。因此，我们必须注意使我们的意思很明确，并且能够充分地表达我们的意见。

含糊不清的原因就在你的思维，你可能并没有真正弄懂或理清你自己的思想。因此，如果你想要表达清楚，最合适的方法就是整理清楚你自己的想法，然后采用一定的技巧清晰、明确地表达出来。

转移话题

如果你在说话中有情绪化的倾向，或者你想隐藏你的观点，你可能会选择换个话题来谈论。你根本不会去回答对方提出来的问题，而是转换一个话题。当然，也可能是因为你没有注意对方的谈话，所以才不得不另寻一个话题。

毫无疑问，转换话题只有在特定的场合才是适合的。一般情况下，我们不要轻易地转换话题，这会严重地影响你与他人的沟通。比如，对方问：“你觉得我们的关系怎么样？”你却回答：“我想我们应该去看场足球赛。”你可以想象对方会有什么感受。

用请求不用命令

我们已经知道，那些强迫、要求和命令性的语气容易使人产生抵触情绪，而这种情绪正是我们不愿意看到的，因为它将严重地破坏人与人之间的关系。只有在相互尊重的基础上请求而不是命令，才能使交流顺畅地进行。

卡耐基训练班有位叫汤姆森的学员，他亲身经历了这样一个故事：

汤姆森所在的汽车公司修好了6名顾客的汽车后，顾客集体拒绝付修理费。他们并非不承认这个账目，而是认为其中某些项目写错了。事实上，每一个修车的项目单上，都有他们的亲笔签名，因此，公司拒不承认这些账目有差错。

汽车公司信用部的职员去收款的时候碰到了麻烦。他们逐一拜访了每一位顾客，要求他们缴纳未付的账款，并且表示，公司是绝对不会把账目弄错的。这些“错误”，应该都由顾客自己负责。这些职员暗示说，在业务方面，只有公司才是专业的，所以，他们没有必要进行无谓的争辩。结果，职员与顾客吵了起来。

这些账很不幸地将要成为一笔烂账，于是公司打算诉诸法律。这件事情被总经理知道了，他查阅了这6位客户以前的付款记录，发现他们之前并没有拖欠的情况。总经理认为，这些顾客之所以不付款，一定是公司在某个环节上出现了问题。于是，他派出了汤姆森去收这笔欠款。

汤姆森也像信用部的职员一样，逐一拜访了那些客户。但是他绝口不提欠款的事情，而是对他们说，他是来对公司的服务情况进行调查的。他表示，他并不相信公司绝对不会出错，然后他尽量让顾客们发泄不满，而自己只是仔细地听。

最后，那些顾客的情绪好像缓和了许多，于是汤姆森说道：

“我也觉得公司对这件事情的处理不是很恰当，为此我代表公司向你表示真诚的歉意。听了你刚才的话，我为你的忍耐力和力求公平的态度而非常感动。正因为你的宽广胸襟，我才请求你为我做这一点儿事。我相信，你会比其他任何人都胜任这件事情。请你再查下我们公司开给你的账目，因为你比任何人都更加清楚。如果有哪个地方记错了的话，你说该怎么办就怎么办吧！”

结果，他们高兴地核对了账单。这些账单的数额在150美元到400美元之间浮动。其中一位顾客只是付了最低额，他拒绝付来历不明的款项；但是其他5位都尽可能高地付了款项，一点儿都没有让公司吃亏。最奇妙的地方是，两年之内，这6位顾客又买了公司的6辆汽车。

毫无疑问，那些信用员是用合同的权威来命令顾客付款的，而汤姆森却正好相反，他所用的方法是请求他们这么做。比较一下即可看出，他们取得的结果是截然不同的。

用请求而不是命令的语气，有很多不可思议的好处，一旦你发现了这些好处，你就会慢慢地养成请求的习惯。

比如，不要说“不要那么做!”应该说“我觉得这样做不是很好”；不要说“我不喜欢你去做!”应该说“你不介意我让约翰去做吧?”

一个很好的方法，就是在你说话的时候带上一个“我”字，用

“我”字可以非常详细地叙述个人行为，并且也能够告诉对方这将会对他造成什么影响，或者为什么这是重要的。用“我”来表达要求对方不要做某事的观点，将会使你的话听起来很平静，而不是在责备或命令他人。

比如，你说：“我真的希望在中午之前拿到这份文件的复印件，你能帮我吗？”如果没有别的原因，对方会非常愉快地回答：“没问题！”

当你打算要对方给你打电话的时候，如果你说：“希望你给我回个电话！”这样说虽然礼貌，但是却带有命令的口气。你不妨说：“如果你给我回个电话的话，我会非常高兴的。”

当你在会上讲话的时候，一位同事打断了你的话，并且对你说：“布朗，我想请教你一个问题。”你为了表示不满，会说：“请不要打断我的演讲。”还是会说：“我把话讲完再跟你讨论，怎么样？”

如果我们要表达的意思是命令对方，你可能会担心用请求的语气与对方说话会显得威力不足，对方根本就不会听我们的话。

杜鲁门总统曾经非常形象地形容过美国的外交政策：拿着大棒轻轻地走路。劝说他人的时候也可以用这种策略。一开始，我们可以“请求”对方，但是如果对方并不为我们的“请求”所打动，我们再转向“大棒”，即告诉他们不这样做的话会有什么后果。

比如，一开始说“我希望在中午之前拿到这份文件的复印件”，如果对方表示有事不能完成的话，你可以接着说一句“如果到时候拿不到的话，恐怕这次谈判会搞砸的”，对方就会明白这个任务很重要，而他完全会先不做其他的事情，转而做你所命令的这件事情。

十种方法说“不”

你每天都准备和不同的人交往，那些人可能会向你提出各种要求。这些要求有合理的，也有不合理的；有你愿意答应的，也有不愿意答应的。但是，拒绝别人往往被认为是一件不好的事情，因为这往往会导致对方很难堪，破坏你和别人的关系。因此，你应该学会拒绝的艺术。

我们发现，如果你在拒绝别人时，冷冰冰地对对方说“不”等词语，这样一般会伤害对方，增加对方的不快和不满，从而使他在心底抱怨你，进而影响到你和他人的人际关系。而如果你用诚恳的态度、一定的技巧来拒绝对方，这样对方会更容易接受，并且能够减少对你的不满，而你也往往能够得到别人的谅解，并把对方的不快和失望控制在很小的范围内。因此，以下将介绍十种方法，告诉你怎么来说“不”。

先同情后拒绝

当对方向你提出一个要求的时候，你应该告诉他这个要求并不过分，但是因为各种原因，暂时没有办法实现。也就是说，在语言表达上，采取了一种“先肯定后否定”的程序，这是一个通用的、十分有效的拒绝方法。你这样做并不会给对方造成心理伤害，而他也会对你的拒绝表示理解。

一个能力出众而且工作勤奋的员工向你提出加薪的要求，而你却因为各种原因，并不打算给他加薪。如果你直接告诉他：“你的要求太过分了！”这样最坏的结果是导致他跳槽，并使他对你产生厌恶感。

但是如果你告诉他，他确实对公司作出了不同于一般人的贡献，他的工作能力十分出色，加工资确实是应该的事情，这样能够产生完全不同于直接拒绝的效果。

比如，你这样对他说道：

“约翰，我知道你是个很棒的员工。上次那么重大的销售任务，你都完成了，简直太棒了！我个人认为，你确实应该加薪。但是，你应该知道，我们本季度整体的销售并没有达到预期的目标，因此，公司方面暂时不会调薪。从个人而言，如果单单为你一个人调薪的话，那么一定会引起其他人的不满，这势必会影响公司的整体发展。我想你不希望出现这样的情况吧？

“所以，我的意思是，我们暂时不会为你加薪，但是这只是暂时的情况。公司一定会认真考虑你的待遇问题的，因为你确实是我们公司不可多得的人才。我有信心，如果你继续为公司创造更好的业绩的话，我们一定会根据你的情况来调薪。到时候，你一定会得到满意的薪酬的。我并不是要求你比现在更加卖力——你已经非常卖力了，这一点相信所有人都看得到。我希望你能够继续保持这样的工作状态，在下个季度结束的时候，我们再一起来看看情况如何。”

告诉对方这么做的后果

不合理的要求可能就是因为它会给你或他人带来不利的影响，因此，在你拒绝他人的时候，你可以告诉他这么做的后果。他可能并没有看到这一因素，或者以为你没有看到。当你把利害关系跟他说清楚的时候，也就说明了你为什么不能答应他。

约翰急匆匆地走到你的面前，要你帮忙把一份文件打印一下。但是你当时正在准备一份更加重要的文件，那些董事们都在等着要这份文件。你会默不作声地把约翰的文件放在一旁，等到他 30 分钟后过来的时候，你再跟他解释你为何还没有完成他的文件吗？这样做不是不可以，但是需要花费你太多的时间和精力。

所以，为了免去许多麻烦，你应该直接告诉约翰："我现在正在打印董事们的一份文件，他们比你更急着要。如果你不希望我因此而被解雇的话，那么请让我把这份文件打完再说。"

一个销售人员在卖给你一本装帧精美的书之后，还想再卖给你一张光盘。他对你说："每个人都觉得这本书如果配上这张光盘的话，一定会让自己更加有收获。让我帮你搞定吧，只需要 15 美元而已。"但是你并不想买，你可以跟他说："我很感谢你这么替我着想，但是我爸爸说过：'一旦成交，不要再多要。'我们刚才已经成交了一笔交易啦！"你是在委婉地告诉对方，持续地强力促销可能会危及第一笔交易，那么他就会自觉地降低他的要求。

换一种处理方案

在你说"不"的同时，如果换一种方式清楚地说明这样做不切合实际的话，也可以达到同样的目的。当你的试用期的员工要求转正的时候，而你却认为他并不适合这一工作，如果你直接告诉他："公司拒绝为你转正。"这样做对吗？当然不对，这是十分愚蠢的做法。实际上，你应该坦诚地告诉他："约翰，我知道你在这段时间里已经尽了最大的努力，同时也取得了不错的成绩。是的，我们应该给你转正。但是，不知道你发现没有，你做事注意细节、待人态度诚恳，如果在销售部门继续做下去的话，这些优点恐怕都得不到充分的发挥。

因此，我认为你非常适合在服务部工作。你有兴趣谈论这件事情吗？”

顾客要求你星期二将所有的货送到他的公司，但是你办不到。你难道会直接对他说“不”吗？实际上，你应该对他说：“我无法在星期二将货全部送到你的公司，但是我可以在星期二将大部分货送到你的公司，其余的星期四之前全部送到；或者我们在星期二的时候把所有的货都凑齐，到时候你可以直接到我们这里来提货。你觉得哪种办法更好？”

诱导对方自我否定

我们知道，如果能够让一个人自己说服自己的话，那么拒绝他就变得好办多了。因此，一个很好的拒绝的办法就是，让对方意识到不应该这么做，从而使他进行自我否定。

一个老客户打电话给市场部经理托马斯，请他在他的部门为自己的女儿安排一份工作。这很明显使托马斯十分为难：一方面，他不能直接拒绝客户，这样的话就会失去这位老客户；另一方面，他又不能答应客户，因为他不但没有权力录用一个人，而且客户的女儿根本无法胜任市场部的工作。托马斯给她安排了一场面试。之后，在打电话回复的时候，托马斯对那位客户说：

“洛宾逊先生，很明显，你的女儿非常聪明，她的写作能力尤其出色，并且，她对艺术有浓厚的兴趣。是这样吗？”

洛宾逊先生回答道：“确实如此。她很小的时候就表现出了很强的艺术气质。”

“那么，”托马斯继续说，“你觉得她最适合什么工作呢？”

“可能，她根本就不适合在市场部门工作吧！”

就这样，洛宾逊先生主动地提出不再麻烦托马斯，决定让她进学校教美术课。

间接原因拒绝

间接原因拒绝，也就是回避对方认为应该被接受的原因而拒绝他。这是因为，如果顺着对方的思维方法推论下去的话，那么似乎真的没有反对他的理由。

一个坚持不懈的求职者打来电话说："我以十分诚恳的态度再次打电话来，希望你能给我一个机会，让我为你们公司效力。我知道你们公司已经没有多余的名额了，但是我希望你们知道，我将是最卖力的员工，并且，我真的非常希望能够得到这份工作。"

看起来，这样的员工是每个公司都想要的，但是实际的情况是，公司已经没有多余的名额了。你想用什么办法来拒绝他呢？作为公司人事部的负责人，洛克这样回答道：

"先生，我想我们已经一再地告诉过你，不要再把你的时间花在谋求本公司的职位上了。我想你需要明白一点，虽然你有那么多的优点，但是，我们公司想要的是服从公司领导的员工。实际上我已经对你说过多次，我们已经把你的联系方法记下了，如果有需要，我们一定会主动联系你的。这是我以前对你说过的，也是今天想对你说的，如果你尊重我的建议的话，希望你能照办。祝你早日找到工作。"

从对方的立场出发

在拒绝对方之前，要学会从对方的立场去考虑问题。在某些情况下，你完全可以说服对方，你之所以拒绝，是出于为对方考虑的。

如果你的老板交给你一个不可能完成的任务，你打算拒绝他，你可以对他说："如果有可能的话，我可以做到24小时连续工作，但是这样势必会影响工作的质量。实际上，你比我更加不希望我们的产品出问题吧？"

避实就虚

将那些要求或问题变成一堆泡沫，这需要有相当的技巧。避开那些实质性的问题，而故意用模棱两可的话回答对方，委婉地表达你的不合作的态度。这在许多外交场合都可以碰到。

一位国家元首圆满地访问了他国之后，在该国领导人的陪同下抵达了机场。这位国家元首诚挚地邀请对方回访本国，那位领导人说："在适当的时候，我们是会访问贵国的。"这就是著名的外交辞令。他并没有接受或拒绝对他国的访问，看起来好像回答了访问是必要的，但实际上并没有说出是否会访问或者什么时候访问，而对方要求回答的正是这些。在听完这句话之后，那位国家元首应该已经明白对方的意思了。

电视上那些政府官员在回答记者的提问时，用得最多的是"无可奉告"。我们在现实生活中也可以这样来回答这类自己不愿回答的问题。你可以用"天知道""到时候自然就知道了"这些模糊的方式来拒绝回答对方。

以笑代答

在某些场合，可能你不能用语言拒绝对方，这时候，你的肢体语言就可以发挥它的作用。当别人跟你要求什么的时候，你需要先表明一个态度。用微笑来代替回答，这种古老的方法十分有效，因为它不会弄得双方都难堪。

约翰在演讲的时候，发现一个听众正朝他示意，之后约翰知道原来他是想要提问。约翰并不喜欢他的演讲被别人打断，并且不希望听众被提问分散了精力。于是他朝那位听众笑了笑，然后就把目光移到了别人身上。那位听众会意，于是在演讲结束的时候才问约翰那个问题。

可以想象，如果约翰对那位听众说了点什么，那么听众的注意力一定会被打断。

当别人问你："你喜欢跟阿兰得辛在一起吗？"你一笑置之，别人就会明白你的意思。

把难题留给对方

当对方向你要求什么的时候，你如果感到很为难，不妨把这个问题留给他，也就是请他从你的立场来考虑问题。不要轻易地拒绝对方，而是要让他理解你的处境，这才是不会带来什么副作用的好方法。

你和你的妻子已经约好了明天晚上一起在餐厅共进晚餐，以庆祝你们的十周年结婚纪念日。但是今天，你们公司临时决定举行一个晚会，欢迎一个非常重要的客户。公司决定由你来主持这个欢迎仪式。你会怎么办？

如果你认为结婚纪念日比这个让你锻炼的机会更加重要的话，你必须鼓起勇气拒绝公司的任务，并且告诉领导，你很爱你的妻子，你不希望结婚纪念日里让她感到孤单。这样显然还不够有说服力，你可以这样对你的领导说：

"约翰，你跟我一样都深爱着自己的妻子。结婚纪念日里，我不希望对方受一点点委屈。如果是你的话，你会怎么做呢?”

你实际上把问题推给了对方，在多数情况下，领导会同意你的请求的。

对事不对人

当你拒绝别人的时候，为了不使别人感到难堪，必须让别人了解，你拒绝的是这件事而不是对方本人。我们必须将人和事分开。比如，你不能说“我不能为你做这件事”，而应该说“我不能做这件事”。

某公司的一个业务员造访了他的朋友——另一公司的部门经理，打算请他订购他们公司的纸张。这位部门经理解释说：“实在很抱歉，我们公司规定，任何人——包括总经理在内——都不能私自订购任何一家公司的纸张。这些采购工作必须由采购部完成。”这样，那位业务员就不好再提出要求了，因为这一规定针对的并不是他一个人。

批评也要讲艺术

1929 年，美国教育界发生了一件惊天动地的大事，一位刚满 30 岁的年轻人——名叫罗伯特·哈金斯——被聘为芝加哥大学的校长。人们纷纷对此进行批评，认为他太年轻，没有足够的经验来管理一个在全美国排名第四的大学。连本来很客观的报纸，也开始对哈金斯进行批评。

哲学家叔本华的一句话正好能说明这场攻击：“小人常常为发现伟人的缺点而得意。”心理学家研究发现，人们常常通过批评他人来得到某种自我满足。

有太多的例子可以证明这一点。所以，当你打算批评别人的时候，你需要想一想你是不是也想得到一种自我满足的快感。这是一种很无聊的举动，而被批评的人不会有丝毫的感激，他只会对你感到厌恶。

接下来要讲的是这样一种批评：你并不打算用它来满足你的自我优越感，而纯粹是为了对方着想，想要纠正对方错误的意见或想法，弥补他的不是。在此基础上，我们希望能够使我们的批评达到它应该有的效果。

事实证明，如果你真的为了对方着想，对方是不会一直非常固执地坚持自己的意见的——如果你运用了正确方法的话。但是同时，我们不能认为，只要我们的出发点是好的，那么一切都不是问题。这是一种过于简单的想法。

我们每个人都有自尊，而有的人甚至达到了自负的地步。当你指出别人的错误、对别人进行批评的时候，一般的人都会下意识地去维护自己的尊严，从而对你的批评采取抵触的态度。这就是人性的弱点之一。我们必须了解这个弱点，利用恰当的批评艺术，来达到我们批评的目的。

德皇威廉二世是一个骄傲自大、目空一切的皇帝，他曾经说过一些令全世界震惊的话，并且引起了整个欧洲社会的不满。他说：

“我是唯一感觉英国很友善的德国人。我正在建立海军，以对付日本。只要有我一个人的力量，就能使英国不至于被法、俄两国所威胁。英国罗伯特爵士之所以能在南非战胜荷兰人，就是我筹划的。”

事实上，在一百来年的和平时期里，欧洲没有哪位国王能说出这样的话来，可想而知这些话在当时所引起的轰动。各国政府都表达了对威廉二世的不满，德国政治家则十分恐慌。威廉二世也开始感到紧张，并暗示布罗亲王替他受过。

布罗亲王看不惯他的做法，于是说道："陛下，恐怕没有人相信我会建议陛下说那些话的。"

当他说出这些话之后，威廉二世咆哮道："你认为我是一头驴，你不至于犯的错误，我却犯了？"

布罗亲王意识到自己犯了一个很大的错误，但是为时未晚，他必须想办法补救。于是，他对威廉二世说：

"陛下，我绝对不是那个意思。你在很多方面都超过了我。不论是在海军知识上，还是在自然科学知识上，我都知道得太少了，而你比我知道的多得多。身为一个亲王，我深感惭愧。"

德皇听到这样的话后，脸上的怒意马上就消失了，露出了笑容。这是因为布罗亲王贬低了自己，抬高了他。德皇握着布罗亲王的手说："我知道自己在这件事情上做错了，我将承认这个错误。"

一开始，布罗亲王犯了一个很大的错误，他没有在批评之前先赞美德皇，从而引起了德皇的不满。但是，仅仅几句赞美，又使德皇开始高兴起来，轻易地使德皇接受了批评。我们在批评别人的时候，是不是也应该这么做呢？

下面是林肯在1863年4月26日写的一封信，收信人是集国家、人民命运于一身的霍格将军：

霍格将军：

我已经任命你为包托麦克军队的司令官，并且我相信这样做完全是正确的。但是，我希望你知道，我在一些事情上对你并不满意。你是一个英勇善战的军人，这一点我毫不怀疑，我一向对此十分欣慰。同时，我相信你不会把政治和你现在的职责混为一谈。你的自信是非常有价值的、可贵的精神。

在一定范围内，你的野心对你来说确实是有益无害的。可是，你曾经一度过于放纵你的野心，阻碍了波恩学特将军带领他的军队前进的脚步。这是你对国家、人民以及所有军人所犯的一个极大的错误。

据说，你认为军队和政府需要一位独裁的领袖。但是，我希望你不要忘记，我给你军队的指挥权，并不是想让你成为独裁者，而且以后我也无此打算。

只有那些在战争中取得胜利的将领，才能够成为独裁者。而目前，我的确希望你取得胜利。如果你取胜了，我将会冒着危险将独裁权授予你。

政府将会像协助其他将领一样，尽其所能地协助你。但是，我的确担心你的那种不信任人的思想会传给你的下属和战士，而它将会使你损失惨重。因此，我愿意尽力帮助你，平息你这种危险的思想。因为如果有这种思想存在，那么即使是拿破仑，也不能获得胜利。现在，千万不要轻易地向前推进，也不要急躁，你最需要的是谨慎，以最终赢得我们的胜利。

林肯写这封信的时候正是内战最黑暗的时候，将领们因为联军屡遭失败，普遍地存在着悲观的情绪。林肯描述当时的情景时曾这样说："我们现在已经走到了毁灭的边缘，上帝似乎都已经抛弃我们了。我看不到一丝胜利的曙光。"这时候，林肯给霍格写了这封信。

正是这封信改变了霍格这位固执的将领，从而改变了国家的命运。当时霍格因为判断出了差错，犯了严重的错误。但是林肯并没有在一开头就批评霍格，而是对他进行了赞美。即使是批评的时候，他也采用了十分委婉的语气。

辛辛监狱的监狱长罗斯用他自己的经验告诉我们这样一段话："如果你面对一个盗贼或骗子，只有一个办法可以制服他，那就是像对待一个体面的绅士一样去对待他。因为只有这样，他才会感到受宠若惊，进而激发起内心的骄傲，因为终于有人信任他了。"

因此，我们在批评别人的时候，不妨采用一些有技巧的方法，这样才能取得令我们满意的效果。

恰到好处地作出回答

如果说提问是人们沟通中必不可少的一个组成部分的话，回答提问也一样重要。我们经常冷不防地被提问，并且要求作出令提问者满意的回答。有问必有答，一问一答构成了语言交流的重要部分。

我们发现，同样一个问题，人们的回答可能各不相同。这说明回答问题有各种可能性，但是我们似乎应该确认一点：在这众多的可能性中，只有一种是使提问者最满意的；另一方面，在某些场合，比如辩论中，回答者往往并没有给提问者想要的答案。

也许他们因为某种原因，不能或者不想告诉听众答案；也许在回答者看来，从自己的立场出发回答问题才是正确的答案。因此，我们一般认为，问题没有正确的答案，而只有恰到好处的答案——这明显是对回答问题者而言的。

中国人的语言内涵十分丰富，同时也意味着解读语言的多种可能性。有一位中国老人满 99 岁了，一位政府官员去祝贺她，并对她说："我希望明年能够来给你庆贺 100 岁生日。"那位老人回答道："怎么不能呢？你的身体不是很好吗？"

其实，那位政府官员的意思是，希望老人能够活到 100 岁。但是那位老人却理解成了政府官员对他自己的身体的担心。我们在回答对方问题的时候，也通常犯那位老人一样的错误：答非所问。因此，我们在回答问题的时候，首先应该仔细地听清楚对方要表达的意思。

没有一种问话会要求你在听到问题后一秒钟之内马上给出答案，除非你自己想要表现出你反应很迅速。你完全有时间想一想对方问话的意思，了解他的意图，然后再确定回答的方式和范围，从容地组织答案。

有些人似乎习惯于一边说话一边思考，但是这并不是大部分人能够做到的。一般的人在脱口而出之后，马上就会后悔说出了那样的话，因为那样的话本来不应该说，或者完全可以说得更好。

不要急于回答。你可以试着对提问者的意思进行解释，并且夸赞提问者几句。这会让你真正了解提问者的意思，并且得到他的好感，你还可以利用这些时间好好整理一下你的答案。

对问题作出判断，揭示其隐藏的意图。如果你怀疑对方另有意图的话——不管对你有利还是不利——在没有弄清楚之前，不要直接给出答案，而要问一下对方真正的意图是什么。你可以问他："告诉我你真正感兴趣的是什么？你想让我说的是什么？"

你可以建立一座桥梁，由此进入你的回答阶段。这可以算作解释对方问题的一部分。一位议员被问及："你反对加税吗?"那位议员回答道："这位先生想要知道我是否反对加税。实际上，你真正想问的是，我们是怎样使美国人民更加富裕的。让我告诉你我们对于复苏经济的计划……"这个议员十分巧妙地把对方的问题过渡到自己想要回答的问题上。

这样，你首先要对你的答案进行设计，也就是我们前面所说过的"思维"过程——相对于你把它陈述出来而言。当然，对待一般的问题，你必须用你的知识作出符合客观实际情况的回答。不然的话，就会犯狡辩的错误，从而给人不真诚的感觉。

上面介绍了回答问题时应该注意的一些基本问题。接下来，将就如何具体回答常见的问题给出一些意见：

关于是非型问题。提问者想要你回答简单的几个字，这当然是很容易的事情，但是这类问题往往埋有陷阱，因为简单往往容易导致误解。除非在法庭上，你不需要具体回答是非型的问题，你应该直接回答"是"或"不是"。

关于选择型问题。有人问："你们公司的目标是增加投入还是减少人员?"这样的问题不好回答，因为答案可能不在他给出的选择项内。不要被提问者提出的问题所干扰，按照事实说吧！对上面问题的回答可以是："我们的目标是提供最优质的产品。"

关于不能回答的问题。当你被问及那些关于个人秘密等不便回答的问题的时候，你应该直接告诉他为什么不能说出来。你必须给出你的理由，否则将会被认为是不真诚的。

关于倾向性问题。比如，"你不再打你的老婆了吗?"而事实上你并没有打过她；或者“此次调价对你们公司造成了多大损失?”事实上你们公司一点儿损失都没有。

回答这类问题时可以直接跳过对方的假设，用事实说话。

关于问题太多。对方提出一系列的问题的时候，你没有必要一一回答。你应该说：“慢一点，我的朋友。”然后再一次回答一个问题。

让人为难的是那些你不想或者不能作出正面、直接回答的问题，这时候你还可以用以下这些方法来回答：

（一）无效回答

当你不想回答对方的问题的时候，你可以选择这样的回答方式。也就是说，你可以用一些没有实际意义的话回答他。

比如，对方问你：“今晚你要到哪里去？有什么秘密的事情吗?”你却不想告诉他，于是你可以说：“没什么大不了的事。”这样，提问的人就不会再问下去了。

对方问你：“贵国打算什么时候对该国采取军事行动?”你回答他说：“我们已经提交给议会讨论了，我相信他们会本着对国家、对世界人民负责的态度来讨论此事的。至于什么时候，到时候诸位就知道了。”

（二）反转问题

有些问题是比较刁钻的，它可能是一个含沙射影的问题，也可能是一个陷阱。这些问题可能会使你尴尬。在这种情况下，你可以换一个角度想一想。

比如，对方问你：“我没有兴趣继续听下去了。这个问题你已经讲过很多遍了，你觉得还有继续说下去的必要吗?”你可以这样回答：

"你觉得你已经完全听懂了吗?"让对方来回答他自己提出的问题。

一个外交官被一群记者围住，被要求就前几天某位议员在国会进行的演讲发表一下意见。那位议员讲的是一个国际政治上的敏感话题。这个外交官回答道："你们要我说，我当然可以说。但是我的态度全世界的人民都已经知道了，因此，我没有必要把它说出来。"

（三）间接回答

在有些场合里，对方可能会提出一些十分敏感的问题，或者想刺探你的真实意图，或者就是想刁难你，使你不便直接给出回答。这时候，你可以间接地作出回答。

英国首相丘吉尔在20世纪30年代访问美国时，一位强烈反对他的女议员对他说："如果我是你的妻子的话，我一定会在你的咖啡里投毒的。"丘吉尔轻轻一笑，回答道："如果我是你的丈夫的话，我一定会把那杯咖啡喝下去的。"

还有一次，丘吉尔因为力主和苏联联合对抗德国，一位记者诘难他说："你为什么老是替斯大林说好话呢?"丘吉尔回答道："如果希特勒侵入了地狱，我同样会在下院为阎王讲情的。"

当你在回答问题的时候，态度一定要恳切，要让提问者感到你正在努力、真诚地回答他的问题，而不是在敷衍了事。如果有人在寻求信息，则要表现得很专业，让对方觉得你的答案很可信。

不要把注意力局限在提问者身上。提问者提出了问题，但是这不是你跟他之间的私聊，你需要注意的是，有更多的人在你面前，等待你作出解答，提问者只是为你们提供了一个话题而已。当然，相对于其他听众而言，你还是应该相对多地注意这位提问者。

当你回答了某个问题之后，要保持你一贯的作风，千万不要因此而得意起来。否则，你的听众就会努力在你的回答上找漏洞。

对那些有敌意的提问者，你最好保持你的优雅的风度。不要因为对方提出了一个让人尴尬的问题，你就非常不客气地对待他。你应该冷静地处理这个问题，以便使局势朝对你有利的方向发展。

冷静地处理冲突

我们常常会因为某一件事与对方争吵起来，有时候吵得面红耳赤，甚至最后靠决斗来解决问题。但是只要稍加注意你就可以看到，其实这些争论到最后也没有解决什么问题。事后，只要我们冷静地想一想，就会发现本来没有争吵的必要。因为这些问题本来也不是什么大问题，犯不着这样争吵。

冲突在我们的交谈中是难免会出现的，但是这仅仅是表面现象。实际上，冲突是两个人或者更多的人在看法、方法、目标、方式甚至价值方面的不同所引起的，并不仅仅表现在言语的争论上。我们知道，人与人都是不同的。

哲学家说“这个世界上没有完全相同的两片树叶”，人类则更是如此。在大多数情况下，出现分歧是十分正常的，也是可以解决的。但是人们却往往把这些分歧变为争吵，试图向对方说明对方是错误的、自己是正确的，以至于看起来似乎不可调和，有什么深仇大恨一样。

冲突的形式并不限于争吵，它还有很多表现形式。比如，你把问题的所有责任都推到对方身上，并且开始攻击对方的能力、性格甚至人格，使自己得到了自我满足的快感。

我们知道，这种批评是每个人都喜欢做的，况且它还跟你有关系。这是一种常见的批评和攻击方式。比如，你说话的时候话中带刺儿，让他人觉得受到了侮辱，或是受到了轻视。也许你认为这是一种幽默，但是事实上却伤害了对方。又比如，你试图在解决这个问题的方法上，说明你比对方更加高明，以此显示你的优越感。你的这种强烈的感情使对方反感，你们的目的从解决问题上开始转移，转而变为对各自的评价。

冲突自然也不仅仅包括语言上的争吵，它更多地表现为沟通上存在的问题。当我们没有了解并理解对方的观点、方法、价值、意图的时候，冲突自然就会产生。我们总是习惯以自我为中心，以为每个人都应该按照自己的那一套去做事情和看问题，同时，又对别人的那一套表示不满。这是冲突的本质之所在。

古希腊哲学家苏格拉底的妻子是一个十分彪悍的妇女。一次，她对着苏格拉底大发雷霆，后来居然把一盆脏水对着苏格拉底迎头泼去。但是苏格拉底并不生气，反而说："我知道，雷鸣之后总会有一场暴风雨的。"

别人劝他把这个悍妇休掉，苏格拉底说："善于驯马的人都会选择悍马作为自己训练的对象。因为如果连悍马都驯好了的话，那么其他马自然也不在话下。如果我连她都能忍受的话，还有什么不能忍受的呢？"

我们平常的冲突自然没有这么激烈，而且我们一般人也没有苏格拉底这么好的涵养。为了圆满地解决问题，树立良好的社交形象，追求更高的境界，我们需要学会处理冲突。诚然，有些问题不能改变，或者说不能轻易地改变，比如个人的价值观等，但是只要我们愿意，我们的确能够运用适当的方法处理冲突，以达到我们的目的。

纽约市一个电话公司的策划部经理保罗十分赞同这个观点，他甚至乐观地认为，他的员工的冲突是因为对工作热情而产生的，他十分喜欢这些冲突。他不喜欢那种死气沉沉的工作氛围，而喜欢冲突所带来的新的思想、角度，以及解决问题的新的方法。他说，问题的关键在于如何“有建设性地”处理这些冲突。

一个和那位改良蒸汽机的伟大发明家同名的员工，以保罗和策划部其他职员的名义，给他的同事玛丽发了一封电子邮件，指责她的某一个策划方案存在许多致命的错误。“你应该改正它，”瓦特在信的末尾说，“或者干脆让更加适合的人来做。”

保罗看到这封电子邮件后，直接找到了瓦特，并指出他指责对方错误的方法是不当的，并且，他更加不应该擅用他人的名义。这不是解决冲突的正确办法，如果他需要跟玛丽讨论策划方案，应该用另外一种方式去解决这个问题——保罗并没有告诉他应该采用哪种方式。

一天后，瓦特找到保罗，说他已经跟玛丽当面协商了策划方案存在问题的解决办法，玛丽也已经原谅了他的鲁莽。

我们在解决冲突的时候，需要注意以下一些问题：

弄清楚对方的立场

你可以假设对方的用意是好的，从而更多地从对方的立场去考虑问题，这样你或许能够心平气和地和对方谈论。

你希望别人理解你的决定，同样你也应该理解对方的决定。在没有弄清楚对方的真实用意之前，不要假设对方是意气用事，是为了维护自己的利益。

这些假设往往会把我们引入误解的歧途。把你的眼光更多地放在对方的言语、行动上，不要依靠猜测来评判对方。

在别人说话的时候，冷静下来仔细倾听，这样你才能理解对方想要表达的是什么意思。然后，告诉对方，你完全理解他。不要打断别人的谈话，更不要气势汹汹地指责对方。

寻找共同点

我们可以轻易地了解到，我们与别人产生冲突，都是为了事情的解决。我们和他人的关系是伙伴而不是对手，更不是敌人。

所以，当我们和别人发生冲突的时候，应该积极地找出问题的解决方案，而不是使冲突升级。我们和对方的争吵或者其他的行动，都有可能使我们的注意力从问题本身转移到其他方面。

在讨论中，不管我们冲突的核心问题是什么，在问题上产生了什么不同的观点、方式，关键是要注意问题本身，而不是其他方面。

实际上，冲突在大多数情况下都是在寻找“最佳答案”。事实是，因为人是各不相同的，因此给出的答案也各不相同。我们的争论实际上是在讨论哪一种答案最适合当前的我们。在这一点上，我们并没有什么根本的分歧。告诉对方这一点，并且让他相信事实确实如此。

忘掉一输一赢的思维模式，那只是竞技比赛的特点，并不适合冲突的解决，冲突完全可以实现双赢。

你还可以从其他方面来寻找你们的共同点。比如，经过思考后你会发现，其实你们都是主张用同一种方法来解决问题的，只是你们在某些方面出现了偏差，而这一点本来是可以忽略不计的。

解决问题而不是责备他人

你应该诚恳地表达你的观点。如果你确认自己的方案是最优的，就尽量说服对方，让他也这么认为。光提高嗓门是没有办法说服对方的，更不用说责备对方了，那样只会给你们带来不快和不信任。你的目标是解决问题，而不是为了比较你们谁更加高明。

当你配合他人解决问题的时候，你会发现自己正处在一个十分友好的氛围之中，这种氛围会更加有利于问题的解决。如果一次两次的意气用事是你没有办法克制的话，那么千万不要使它成为你的习惯。

第九章

情爱说话术

千哄万哄哄到她心软

要想邀请自己的心上人出去游玩，在很多男孩子看来，不是一件很容易的事，因为女孩碍于矜持和体面，通常会拒绝邀请。然而，你在此处止步不前了，自然也会无果而终。其实女孩都需要男孩“哄”，只要你哄得恰到好处，问题看来也不是那么难。

多数时候，你最好单刀直入，不给她说“不”的机会。

当你要去邀请她时，不要用商量的口气问她“愿不愿意……”之类的话，而最好果断地说：“咱们一道去……”

虽然女人也有不愿意与你同行的时候，但是如果她想说“不”的话，则多少会给她造成心理负担，使她对你有一种歉疚感。

然而，你如果用“愿意不愿意……”这种问法，乍看起来好像非常绅士，但事实上却给了对方说“好”或“不”的两种机会。不用多说，责任上的分担都推给了对方，而女人又不习惯于承担任何责任，所以警戒心高的女人，为了不节外生枝，干脆就摇头对你说“不”了。

“愿意不愿意……”“要不要……”这种尊重的言词被接受的可能性实在太小了，你可能也有这种经验吧。

相反地，如果你用单刀直入的问法“咱们去……吧”那就大不一样了。

下面这一段，是一位小伙子煞费苦心地劝说女朋友答应他的邀约的对话：

“你今天真漂亮。晚上6点钟我们出去吃顿饭、聊聊天，好吗？”

“不行。”

“我们应该彼此多了解一点。就在6点钟好了，到时我来接你。”

“不行。”

“说不定我们可以遇到一个我们喜欢的人，或是一件有趣的事呢！就今晚6点钟吧？”

“不行。”

“6点钟见面以后，我们可以吃顿饭、看场电影，然后到咖啡厅去坐坐，我们会有一个非常美妙的夜晚的，还是去吧！”

“是吗？”

“我发觉我越来越喜欢你，今天晚上一定要见到你，就6点钟，我来接你。”

“那好吧，就6点钟再见。”

这是一个聪明的男孩，他使出了浑身解数，终于让对方由说

“不”到说“是”。他不断地给对方勾勒出一幅美好的预期的画面，最后女孩终于动心了。

还有一些男孩在邀请女孩的时候以情真意切为主打，让女孩感觉到温暖、真心，女孩被打动了，自然会对你言听计从。这是一封男孩写给他喜欢的女孩的邀请信，它包含着满怀的激情和热爱，执着与关怀：

在这之前我想先向你道谢，谢谢你借我一双手和我一起抗衡寂寞的冷，战胜寂寞，谢谢你为我剪短思念，照亮黑夜。

《哈利·波特》是一部很不错的电影，不是吗？主角们受到攻击时，我听见你细声低喊；舞会那一幕，我们都看得很入迷，我恨不得拉着你跳进去和他们一起共舞；主角与巨龙战斗那8分钟，你的呼吸被音乐操控了，我陪你一起紧张；年轻有为的角色死得如此可惜，你的叹息让我的心漏跳了一拍。

回程的时候，车里空气很薄，我的呼吸有点急促。能和你交谈的话题很少，因为我不健谈。我的CD播放了很多歌，张栋梁的、杜德伟的、李圣杰的、品冠的、光良的，你只哼过李圣杰的《痴心绝对》。唔，我会记起来，痴心绝对。

我双手握着方向盘，我知道回家的方向，却不知道自己的方向。你总是让我迷惘。空调散出的低温空气是绷紧的气氛，笼罩着车子里的两个人。你说再见、晚安，把我的快乐辛酸留了下来。我把车子停在原地，才发觉车子里缺少的气体是勇气。我说再见，因为我想再见。

我想向你道歉，原谅我的不健谈。我决定再邀你看一场电影以示歉意。放心，我会预先选好位子，不会像这次坐在F15和F16的位子。坐在这位子会令我们的脖子很酸，这一家戏院的冷气也特别的冷。唔，好的，下次我会记得带外套。

再次向你道歉，原谅我不够细心，忘了带外套为你御寒，忘了预先选好位子，忘了买好可乐和爆米花给你享用。一切一切，我都感到深深的歉意。

别担心我，得不到你的原谅，我只是会魂不守舍，上课没心听课导致成绩下降、走路撞到柱子搞得头昏脑涨、忘记吃饭令我虽生犹死、睡不了觉引起情绪不稳定、驾车不专心撞出一场世界性的创举而已。基本上，死不了，所以你有权利不原谅我。但是，基于基本的礼貌，我觉得我还是得等你原谅，等你给我一个赎罪的机会。

这样诚挚的话语，恐怕对方是很难拒绝了。这个男孩无疑又多了一次让对方了解他的机会。

谨慎、谦恭、有风度是女性的传统美德和本能表现。因此，在邀请她们出游的时候要拿出你的勇气，让她们看到你的决心与诚意。女孩子其实都是需要耐心哄的，也是很容易心软的。

如何回答女孩的“魔鬼问题”

俗话说：“女人的心，海底的针。”这句话是说女人的心思难以捉摸。又有言：“言为心声。”女人既然想了，自然会说；既然心思难以捉摸，说出的话就不会太容易回答。男人应该如何回答女人经常提出的棘手问题？比如，她们大多数会问下列“魔鬼问题”：

你在想什么？

你爱我吗？

我看起来身材不好吗？

你认为她比我漂亮吗？

如果我死了，你怎么办？

这几个问题很难回答好，一旦男人回答不好，每一个问题都可能引起争执并导致关系紧张。

当她担心男友不够爱自己时她可能会开始问很多问题，有的是关于恋爱双方之间的关系，有的则是关于男友的感觉。例如他有多爱她，或他觉得她的身材如何等问题。这时候，不需要为这些问题寻求理智的答案，因为她只是想确定男友是否还爱她。

例如，如果她说："你觉得我胖吗？"

男友不能回答："是啊，你是没有模特儿的身材，可是模特儿都是饿出来的。"或答："你不需要这么苛求自己，我不在乎你的身材。"

而是应该说："我觉得你很美，而且我喜欢这样的你。"然后给她一个拥抱。

如果她说："你觉得我们相配吗？你还爱我吗？"

男友不该说："我觉得我们还有些方面必须再沟通。"或答："你还要问几次？这个话题我们已经讨论过了。"

而是最好这样说："是啊，我好爱你。你是我生命中最特别的女人。"或："我越了解你，就越爱你。"

"工作和我，对你来说哪个重要？"当女性提出这个问题时，男性一时会感到很难回答。

一个人的生活有许多方面。对男性来说，工作和妻子属于不同的生活层次，属于不同生活层面的东西，实在是很难进行比较的。

女性也并不是一点不懂这层道理，但她还是要问。其中的底细，与其说是在探测男子的选择意向，不如说是向男子提出抗议：你对我不够好。

女性一般会在感情冲动难以自制或有气无处可泄的时候，提出这种有胡搅蛮缠之嫌的问题。这时你想指出问题本身所固有的矛盾，让她知道此问题没有正确的答案可言，似乎是件不大可能的事。不如让她尽情倾诉心中郁积着的话，发泄一下内心的感情。待她发泄过后头脑开始冷静下来时，再对她说："你当然对我很重要。"这样就明白无误地告诉她，并充分承认她的存在价值，之后再强调："正因为你对我很重要，所以我更要发奋地工作，开创我们美好的未来。"这种模棱两可的回答，既避开了她的锋芒所指，同时也是在暗示她：我无法决定到底哪一样比较重要。这该是一种很聪明的处理方法。

雷是一位事业心很强的男孩子，这个优点倒让他的女友敏十分担忧，老是担心结婚以后，雷会只顾及发展自己的事业，而忽略她的存在。经过一段时间的考虑，敏决定试探一下，看看在雷的心中，她和事业哪个更重要。

在一次闲谈中，敏半开玩笑半认真地说："雷，为了我，你真的什么都可以放弃吗？包括你的事业？"雷以为敏是跟他开玩笑，就笑着说："当然不能了，事业对我很重要。"敏一听，脸色一下子就沉了下来，"哼，我就知道，你们男人都是这个样子，都是工作狂，你心里根本就没有我！"

雷一听，知道自己刚才说错了话，忙解释道："敏，你误会了，我不会为了你放弃我的事业，并不等于你在我心里就不重要。同样，为了事业我也不会放弃你的。你是知道的，我这个人事业心强，可你知道吗？我这样的努力工作都是为了能为我们的将来创造更好的环境，如果我不能让你生活得更好，我还怎么有资格说爱你呢？我想，你喜欢我的理由也应该有事业心强这一条吧，你希望你未来的丈夫是个毫无追求的懦夫吗？”雷的一番推心置腹、坦率真诚的话语深深打动了敏，此刻她脸上早已荡起了甜蜜的笑容。婚后，雷事业有成，敏成了他的贤内助。

恋爱中的女孩子心思异常的敏感，常常因为男友一句不经意的话就浮想联翩，甚至“上纲上线”，给彼此带来很多不快乐。男士应该多多迁就，给她一个信服的理由，让她安心。

如何向心仪的对象说“我爱你”

泰戈尔说：在玫瑰花充裕的光阴里，爱情是酒；在花瓣凋谢的时候，爱情是饥饿时的粮食。人生不能没有爱情。

那么，当你爱上一个人的时候，应该怎样说出“我爱你”呢？

著名作家老舍33岁了，饱经沧桑的他形成了一种内向含蓄的性格。一天，他童年的伙伴，语言学家罗常培邀他去吃饭。一个穿着中式短褂、黑色长裙，留着齐耳短发的姑娘同桌就餐。饭后，罗常培对老舍说：“我看你岁数越大脾气越怪，不成家，我们不跟你交朋友了。”“什么没有都行，就是不能没有朋友。没朋友我就活不了。”老舍急忙回答。罗常培笑了，答应为他介绍一位女朋友。第二次、第三次，老舍又被罗常培邀去吃饭，每次都会遇到那位姑娘。三顿饭吃过后，一封笔力遒劲的信送到了姑娘手中："我们要想见面，不能靠着吃朋友，你有笔、我有笔，咱们互相来谈心吧！"这位有着独立自强精神的新女性，后来成为老舍的夫人。

新凤霞向吴祖光求爱，先是采取暗示，没有奏效，就直接表明了心迹。新中国成立后不久他们开始交往，感情日益深厚。新凤霞十分敬仰吴祖光的为人，希望能和他共同生活一辈子。有一次，他们在一起，新凤霞说："我演的《刘巧儿》这出戏，您看了吧？"吴祖光说："看过，真好。"新凤霞说："前门大街的买卖家，到处都在放巧儿唱的'因此我偷偷地就爱上了他……这一回我可要自己找婆家……'"但是吴祖光为人很单纯，一点儿也不懂她的意思，竟说："配合宣传婚姻法，这出戏最受欢迎。"新凤霞想：不能失掉这次谈话的机会，应当使他明白自己的意思。于是，鼓足勇气对吴祖光说："我想跟你……说句话……"吴祖光说："说吧！"新凤霞说："我想跟你结婚，你愿意不愿意？"吴祖光对此没有一点精神准备，他站了起来，停了一会儿说："我得考虑考虑。"这下子可伤了新凤霞的自尊心，她自言自语地说："我真没有想到，这像一盆冷水从心头上倒下来呀！"吴祖光说："我得对你一生负责呀！"后来，两人结为百年之好。

很多人求爱都采取投石问路探虚实的方式，因为每个人都害怕遭到拒绝。梁实秋求爱就是用了一个双关语对韩菁清进行了成功的试探。

梁实秋垂暮之年梅开二度，爱上了比他小30岁的韩菁清。一天他们在台北梅园餐厅共餐。梁实秋点了"当归蒸鳗鱼"，韩小姐关切地说："当归味苦啊！"梁先生若有所思地说："我这是自讨苦吃。"韩小姐笑道:“那我就是自投罗网!”两人相视哈哈大笑,心有灵犀一点通。

如果害怕拒绝,但又心情躁动不安,急切盼望对方知道自己的心意,那就借鉴陀思妥耶夫斯基的方法,实话虚说,借机抒情。

1866年,对陀思妥耶夫斯基是具有重要意义的一年。妻子玛丽亚和他的哥哥相继病逝。为了还债,他为赶写小说《赌徒》请了一个速记员,她叫安娜·格利戈里耶夫娜,一个年仅20岁,性情异常善良和聪明活泼的女孩。

安娜非常崇拜陀思妥耶夫斯基,她工作认真,一丝不苟。书稿《赌徒》完成后,作家已经爱上了他的速记员,但不知道安娜是否愿意做他的妻子,便把安娜请到他的工作室,对安娜说:“我又在构思一部小说。”“是一部有趣的小说吗?”她问。“是的。只是小说的结尾部分还没有安排好,一个年轻姑娘的心理活动我把握不住,现在只有求助于你了。”他见安娜在听,继续说,“小说的主人公是个艺术家,已经不年轻了……”

安娜忍不住打断他的话:“你为什么折磨你的主人公呢?”“看来你好像同情他?”作家问安娜。

“我非常同情,他有一颗善良的心,充满爱的心。他遭受不幸,依然渴望爱情,热切期望获得幸福。”安娜有些激动。

陀思妥耶夫斯基接着说:“用作者的话说,主人公遇到的姑娘,温柔、聪明、善良,通达人情,算不上美人,但也相当不错。我很喜欢她。但很难结合,因为两人性格、年龄相差悬殊。年轻的姑娘会爱上艺术家吗?这是不是心理上的失真?我请你帮忙,听听你的意见。”

作家征求安娜的意见。

“怎么不可能？如果两人情投意合，她为什么不能爱艺术家？难道只有相貌和财富才值得去爱吗？只要她真正爱他，她就是幸福的人，而且永远不会后悔。”

“你真的相信她会爱他？而且爱一辈子？”作家有些激动，又有点犹豫不决，声音颤抖着，显得既窘迫又痛苦。

安娜怔住了，终于明白他们不仅仅是在谈文学，而且是在构思一个爱情绝唱的序曲。安娜小姐的真实心理正如她自己所言，她非常同情主人公，即作家陀思妥耶夫斯基的遭遇，且从内心里爱慕这位伟大的作家。如果模棱两可地回答作家的话，对他的自尊和高傲将是可怕的打击，于是安娜激动地告诉作家：“我将回答，我爱你，并且，会爱一辈子。”

后来，作家同安娜结为伉俪。

在对对方心意非常不确定的情况下，采用实话虚说的技巧，既能摸清对方的心思，又能避免遭到拒绝时的尴尬，这不失为一个妙方。

当然也有那种开门见山、直抒胸臆的求爱方式，有时这样直接的方式能给对方留下坦率、真诚的印象，最终获得芳心。

列宁在伏尔加河畔认识了克鲁普斯卡娅，在随后的交往中逐渐爱上了她。由于革命工作繁忙，列宁只好把爱情深深埋藏在心里。当列宁被流放到西伯利亚后，他抑制不住相思之苦，给克鲁普斯卡娅写了封信，第一次向她表达了自己的爱情。信的末尾是这样写的：

“请你做我的妻子吧！”

面对列宁的直接表白的求婚方式，克鲁普斯卡娅勇敢地闯进了严寒的西伯利亚，和列宁走到了一起。

但是需要强调的是，像列宁这样大胆坦白地表达自己的爱意，甚至一步到位地求婚的方式，想在现实生活中运用的话，至少需要几个条件：首先，你必须确知对方的心里也有你；其次，你得知道对方的性格能接受你这样的坦白。否则的话，容易给对方留下鲁莽、冒失的印象，甚至吓着对方。

甜言蜜语让爱情更上一层楼

男女相处的时候，有时甜言蜜语非常受用，尤其是爱侣已到了接近谈婚论嫁的阶段，不妨大胆些，在言语间多放点“蜜”。沐浴在爱河中的人，是不用客套的字眼的。任何海誓山盟，“爱你爱到入骨”的话也可以说，不必怕肉麻，除非你并不爱他。与他久别重逢时你可以讲：

“好像在做梦，多么希望永远不要清醒。”你以充满爱意的眼神望着他。

“总是惦念着你！别的事我一概不想……我感觉好像一直跟你在一起。”

只要谈过恋爱的男女，一定有此体验。除了他以外，任何事都不放在眼中，总是想念着他。上面那句话不用怕羞，可以反复使用。相爱之初，热烈的甜言蜜语绝对不会使人感到厌烦，也许还认为不够呢！

“你喜欢我吗？”你不妨大胆地问他。

“说说看，喜欢到什么程度？”或用这样的语气追问。“请你发誓，永远爱我！”甚至你单刀直入地这样对他撒娇说。

“世界是为我们而存在，对不对？”

“你爱我，我可以抛弃一切！你也是这样？爱就是一切。”

不要以为甜言蜜语说出来就是为了一时的气氛，仅仅是为了逗对方开心。甜言蜜语对整个爱情的加固都起着重大作用，它是爱情运转的润滑剂。

“如果你爱我，有什么为证呢？”这是女人经常挂在嘴边说的话。女性就是希望在有形的、眼睛和耳朵都能感觉到的形式上确认“自己对他是不可缺少的人”。例如，恋人之间在见面的时候，男方没有抱抱她的肩或握握她的手，她就要怀疑他是否爱她，甚至因此而解除婚约的女性也大有人在。妻子新做的一个发型，或穿上了一件新衣服时，做丈夫的假如不发一言，她会认为你无动于衷，这样她就会感到不满。

女性要求认可的欲望很强，恋爱中的更不用说了，就是在结婚后，女人也爱问：“亲爱的，你爱我吗？”她时常要求确认“爱”，而对此感到退却的大多是丈夫。在男人看来，不管如何爱她，“我爱你”这三个字只要讲过，就不想说第二次。男人总是这样认为，我是否爱你，可以在实际行动中表现出来。

可是，对女性来讲，语言比行动更为重要。假如男人不在她们耳边重复地说“我爱你”，她们就认为不能与对方沟通。处于幸福、甜蜜状态的女性，都是根据丈夫的“爱语”或反复的动作得到安心和了解的。

因此，满足这种心理是男性的任务，“我爱你”“我喜欢你”这些话对女性是非常重要的。她们认为这样是女性显示内在价值和魅力的标志所在。

当她们想要得到认可的欲望被满足后，她们就会心安理得安安分分地去做一个好妻子，爱情就会变得更加和睦。

通常，男子都爱花言巧语，何不把美丽的话语多用在妻子身上呢?

“你一身打扮真是漂亮极了，让我好好看一看。”

“你总是那么迷人，来，跟我坐会儿。”

“别太累，待会儿我帮你做，咱们到河边散散步，好吗?”

“你这两天太辛苦，我带你出去吃一顿。”

“我们单位的同事都夸你贤惠能干。”

“拥有你是我最大的福气。”

“别生气，一生气你会变丑的，不信去照照镜子。”

“等我有钱了，好好带你去外面走走，咱们两人重新过一次蜜月。”

“你脸色不大好，身体哪儿不舒服吗?”

“你早些休息，今天的事我来做。”

“还记得我原先写给你的情书吗?”

“我给你买了盘你最喜欢的歌曲带。”

“你一生都会爱着我吗?”

“你不要对我这么凶，好吗？我心里很伤心。”

“这个家没有你，简直就难以想象。”

“我老婆做的菜真好吃。”

“你真伟大。我怎么想不到呢?”

“结婚纪念日我们去照张合影吧?”

“爬高爬低的事我来做，你别上上下下的，小心些。”

“《结婚的爱》我看了，写得真好，你看看吧。”

总之，做丈夫的要把你的爱通过甜言蜜语表现出来，让她时刻体会到你深爱着她，并时时创造一种美妙的生活环境取悦于她，那样你们的感情会一天比一天深厚，妻子对你的爱也会一天比一天深。这对于你并不麻烦，同时她的愉快传染给你，成为两个人的愉快；她的美丽心情成了你的财富，丰富你的情感生活。

很多人在谈恋爱时把恋人看得很完美，花前月下，卿卿我我，有时明知道对方的某种缺点自己难以接受，可指出来又怕伤害对方的感情，于是就装出一副菩萨心肠，一忍再忍。其实这和父母溺爱孩子一样，终究会酿成苦果的。那么，年轻的恋人怎样既能指出他的缺点，又不伤他的心，更重要的是还要让他接受你的意见呢?

其实有许多窍门，比如对对方进行旁敲侧击，促其反思并改正。

某局长的千金小徐和本单位的小李谈恋爱时总是显示出某种优越感，因为小李是农家子弟，大学毕业分在局里做科员，没有什么“靠山”。有一次小徐到小李家做客，对小李家人的一些生活习惯总是流露出看不顺眼的情绪，并不时在小李耳边嘀嘀咕咕。吃过晚饭把小姑子支使得团团转，又是叫烧水又是让拿擦脚布什么的。小李看在眼里很不是滋味。他借机笑着对妹妹说：“要当师傅先做徒弟嘛！你现在加紧培训一下也好，等将来你嫁到别人家里，也好摆起师傅的架子来。”小李这么一说，小徐当时似乎听出了什么，过后不得不在小李面前表示自己有些过分了。

小李不失时机地用“要当师傅先做徒弟”的俗话来提醒小徐，避免了直接冲突。即使对方当时略有不满，过后也会有所感悟。

当对方的所作所为引起自己的不满时，也可用诙谐的言谈让对方笑着接受自己的不满。

雅倩非常喜欢跳舞，男友小张偏是个好静的人，正参加自学考试，但常被她拉去“看”舞。雅倩有个很不好的习惯，不跳到舞厅关门不尽兴，久而久之小张就受不了了。有一次他们从舞厅出来已是夜里12点多了，小张说：“你的慢四跳得很棒，我还没看够，你一路跳回宿舍怎么样?”雅倩撒娇说：“你想累死我啊!”小张一副认真的样子：“不要紧，我用快三陪你跳。”雅倩扑哧一乐：“亏你想得出，丢下我一个人也不怕我碰上流氓?”小张这时言归正传：“那你在舞厅丢下我一个人也不怕我打瞌睡被人掏了包儿?”雅倩这时才知道男友压根儿没有兴趣跳舞，以后就有所收敛了。

对恋人的不满不用憋在心里，可以适当对对方提出自己的意见，但是要用对方法，否则只会破坏感情而于事无补。

用鼓励代替指责和批评

在美国，有一位著名的女士，被别人戏称为“打岔专家”。在一次宴会上，她的丈夫十分兴奋地跟朋友们谈起了某位将军的事迹。他正说得兴起，没想到这位女士进来插话说：“先生，不要再说了，如果你能有他一半的才能，我也就心满意足了。”她就是这样在大庭广众之下给她的丈夫泼冷水，批评她的丈夫的。这当然让人受不了。最后，她的丈夫不得不跟她离了婚。

另外，也有与此相反的例子。俄国女皇凯瑟琳统治着世界上最大的帝国，毫无疑问，她有着至高无上的权力。事实上，她是一个残忍的女人，曾经发动过许多次毫无意义的战争，杀害过许多仇敌。但是她的婚姻生活却很幸福，因为她在家里一直都是十分温和的，她从不疾言厉色地对她的家人进行批评和指责。即便她的家人犯了什么错误，她也会什么都不说，而是微笑着好像什么也没有发生一样。

当珍妮·维茜嫁给杰姆斯·克力尔的时候，许多人嘲笑这是一桩极不协调的婚姻，甚至有人说，这简直就是“鲜花插在牛粪上”。维茜是一个非常漂亮并且拥有大量财产的女孩，而她的丈夫却是一个不名一文的家伙，并且看不出有什么前途——所有人都知道他粗鲁、愚蠢而且没有教养。

维茜却不顾一切地爱上了克力尔，认为她的丈夫是当代少见的天才诗人。她几乎放弃了自己以前的全部生活，陪她的丈夫住到了乡下，一心一意地在生活上照顾丈夫。她成为一个完全称职的家庭主妇，缝衣做饭、悉心照顾有胃病的丈夫、驱散他心中的抑郁。她坚信自己的丈夫能够成功，而且总是鼓励他去做自己想做的事情。

“我从不去指责和批评他什么，”维茜在她的一封信中说，“包括他的粗鲁和没教养。正好相反，我认为这都是他的个性，而我爱的是他的全部。为什么一定要把每个人都变成同样的模型呢？我总是在帮助他，这一点他一直很感激我。”

结果如何呢？克力尔最后成为爱丁堡大学的校长，他的《法国大革命》《克莱沃尔的一生》成为名著，而他们夫妻在顿查尔的住所成了有名的文化聚会的场所。

有这样的一位妻子，她总是嘲笑丈夫的每一份工作。一开始，他找了一份推销的工作，由于是新手，他的业绩不是很好。每次当丈夫到家的时候，他的妻子总是对他说："我的天才推销家，今天是不是又成交了好多笔买卖？但是，我怎么没有看到你带回家的佣金呢？看你的脸，不会是又被经理臭骂了一顿吧？"

这种愚蠢的嘲笑持续了很多年。不过，这位丈夫一直没有放弃当初的那份工作。如今，他已经是那家全国有名的公司的经理了。他和他原来的妻子离婚了，现在的妻子很年轻，经常鼓励他、给他支持。而他的前任妻子却好像很无辜，她对别人说："他怎么能这么对待我呢？他穷苦的时候是我陪伴他的，但是他现在却离开了我，找了一个更加漂亮和年轻的女人。"

有什么不可以理解的呢？

你为什么不能容忍你的丈夫有一些缺点，而经常对其进行指责和批评呢？当他犯了一个错误的时候——不管他是有意的还是无意的——你为什么都要批评他呢？你应该做的是慷慨地原谅他。当你告诉你的丈夫，说他在某件事情上的做法真是愚蠢透顶，在这方面一点儿天分也没有的时候，那么就已经扼杀了他改变的动力和希望。批评和指责解决不了问题，它们只会使事情变得更加糟糕。社会学家一再告诫我们：批评和指责只会使家庭不和谐，使婚姻破裂。

如果我们换一种方式，即对他进行鼓励，那么情况就变得好多了。作为家人，你应该相信他有能力做好这件事情，这样他才会调动全部的积极性，投入到这件事情中去。

桃乐斯的丈夫罗伯·杜培雷一直想做一个保险行业的推销员，但当他在 1947 年开始真正从事这一行业的时候，却一次也没有成功过。一天，他决定放弃这份工作了。

“我完全失败了，”他对他的妻子说，“也许我本来就不适合这份工作。我一开始的选择就是错误的。”

也许一般的人会用批评来使罗伯改变主意，但是桃乐斯知道这是一种愚蠢的做法。她坚定地告诉罗伯，这只是暂时的失败而已。她鼓励他说：“不用担心，罗伯，我相信你一定会取得成功的。”接着，桃乐斯指出了罗伯的一些连他自己都不知道的才华，说正是这些才华能够确保他取得成功。

后来，罗伯找到了另外一份推销的工作，可是他仍旧一次一次地失败。如果不是桃乐斯的鼓励和支持，他早就放弃了再试一次的想法了。桃乐斯不断鼓励他说：“再试一次，也许你就成功了。你要知道，你有这个能力。”

“我觉得我不能辜负她的信任，”罗伯在一封信里说道，“她成功地在我身上建立了她的自信，而我正是依靠这种自信建立起自己的信心的。这就是我前进的动力。”

我们相信罗伯终有一天会取得成功的，因为对于目标而言，只要自己想要达到，最终就会达到。像这种家人面对失败而灰心丧气的例子不胜枚举，这时候只有鼓励才对他有作用，而批评和指责，只会导致非常糟糕的结果。

法国著名的科幻小说家儒勒·凡尔纳在未成名的时候，像处于这个阶段的大多数人一样，投出的稿子无一例外地被退回了。他气得打算把所有的稿件都一把火烧光，所幸稿件被他的妻子夺了过去。妻子对他说："亲爱的，你写得棒极了！我相信你一定会成功的，再试一次吧！"他又试了一次，结果果然被采纳了，并且正是这部书稿的出版使他一举成名。

如果你想改变你的丈夫或者妻子的某个缺点，你也应该用鼓励的办法。我们很多可爱的女士都会花时间打扮自己，让人看起来非常喜欢，但是约翰的妻子却是一个例外。她似乎没有打扮的习惯，只是有时候心血来潮了才打扮一下自己。并不是说不打扮就一定不好，但是对约翰的妻子而言却正是这样。她不打扮，只是因为她有一个很漂亮的姐姐。每当别人劝她打扮的时候，她经常回敬道："不用你管，我再怎么打扮也不如我姐姐。"

她根本就认为自己不适合打扮，所以她并非不爱打扮，而是自卑的心理在作怪。约翰深知这一点，但是他并不像其他人那样，直接指出她不爱打扮的毛病，而是当妻子不打扮的时候，他就一声不吭；当她偶尔打扮了一次，他就用真诚的赞美去打动她："你真漂亮！"慢慢地，妻子对自己的容貌产生了自信，也经常打扮起来了。

不要批评和指责你的丈夫或妻子，改用鼓励的方法，也许对方会更加乐意改变自己。

经常谈心可以滋养婚姻

加拿大安大略的杰克·杜蒙先生曾经给卡耐基寄了一封信，对卡耐基说了一些他对婚姻生活的感悟。他在信中说道：

"我好不容易娶了一位理想中的妻子，她聪明、美丽而且温柔，可以说是完美女人的化身。结婚之后，为了使我们的家庭更加幸福，我开始把几乎全部的精力放在了我的工作上，所以事实上把维持婚姻和家庭幸福的任务全部交给了我的妻子。

“一开始，我并没有觉得有什么不妥，只是开始感到我的家庭生活并不像想象中那么幸福。妻子常常跟我吵架，但是用不了几个小时，我们就会和好。对这样的事情，我并没有放在心上。但是一天，我的刚满4岁的儿子突然对我说：‘爸爸，你不喜欢妈妈吗？我觉得她很好啊！’他那么说好像我是一个大坏蛋似的。他的话让我突然体会到‘妈妈’这个词的分量，然后我也体会到她作为‘妻子’的分量。我当然是很爱我的妻子的。她一直默默无闻地为我们这个家做着很多事情，而我却没有任何表示。每天回家之后，我吃着她精心做的可口的晚餐，把一天的疲倦都驱散掉；第二天又穿着她洗烫的衣服，精神抖擞地去上班。我觉得这一切都是应该的，一切都很自然。

“可能在我妻子的心里，在某些时候，也会有和我儿子一样的想法：‘难道杰克不再爱我了吗？难道我做错了什么吗？’她会产生这些想法，都是我的过错。我虽然是爱她的，但是我却不能原谅自己。在过去的5年里，她从没有体会到什么是幸福的家庭生活。

“于是我找了一个合适的机会，邀请我的妻子参加只有我们俩的约会，并且跟她谈了一次心。我非常郑重地告诉她，我很爱她，就像以前一样，但是我在之前却做了许多傻事，并请求她的原谅。我的妻子原谅了我，她也把自己的一些想法告诉了我。她的想法原来跟我料想的一样，她的确存在过我不再爱她的疑虑。她对我说，作为一个妻子，她却不能完全了解和信任她的丈夫，这使她十分愧疚。

“那次谈话之后，我们的婚姻生活发生了明显的变化，我的妻子显得比以前快乐多了。因此，以后我又经常找时间跟我的妻子谈心——每个星期至少一次。谈心确实使我们的婚姻保持了活力，我们现在跟刚结婚的时候是一样的。”

的确如此。结婚并不只是意味着相互交换戒指，而是要让对方知道，你是多么愿意跟他生活在一起。许多先生和太太感到疑惑：为什么婚前那么热烈的两个人，在婚后却显得那么陌生，或者只是像一对朋友一样，完全不再有情爱的表示。当他们完成结婚的仪式之后，他们甚至不再有正式的交谈。

而当他们对某件事情的意见发生分歧的时候，他们经常会把它藏在心里，躲在角落里生闷气，抱怨怎么遇到了这样一个不好相处的配偶——他们不大喜欢或者不好意思把自己的心里话说出来。

结果如何？很多婚姻的破裂，正是那些琐碎的小事导致的，而不是那些触礁般的大事件。而这正是因为没有沟通的缘故。想想看，如果你能够适时地把自己内心的想法跟对方说出来，难道还会有什么不可解决的问题吗？

因此，婚姻专家给我们的建议是：与你的配偶谈心——就像杜蒙那样。

“他不爱我”“她一点儿都不理解我”，这样的话我们几乎天天都可以听到。问题在哪里呢？难道真的是对方变心了吗？难道对方真的那么不负责任——在结婚的时候，对一个以后一辈子都要生活在一起的人轻易地就进行了幸福的许诺吗？

事实当然不是这么简单。不能否认存在这方面的原因，但是相信主要原因不在这里。既然两个人能够结婚，那么就应该不存在不可以解决的矛盾和冲突。问题的关键在于他们缺少沟通。

相对来说，大部分的男人更会存在这方面的问题，他们都像杜蒙先生一样。他们向人们解释说："我每天花10个小时上班，每天筋疲力尽，什么都不想说，什么都不想做。至于家庭的事情，就交给我的妻子来处理好了。"

有关的调查统计显示，结婚后的男人每天对妻子说的话一般不会超过2000个单词。相对于男人平均每天说15000个单词来说，这个数字低得让男人们难以置信，但是相信女人们应该不会感到惊讶。男人的话对顾客、上司、下属和朋友们都讲完了，回到家里好像就无话可讲了。

如果这种行为可以原谅的话，那么下面的这一种行为就不可以原谅了。当他明明知道自己可能被妻子误解为"不爱我了"或者"有外遇"的时候，他依旧缄口不语。他并没有想到要解释什么，好像也没有想到这种猜测可能导致的后果。

让我们来想象一下没有进行及时和足够沟通的婚姻破灭的轨迹：忙碌于工作的男人认为自己最大的责任是为家庭提供足够的物质保障，因此没有时间和精力给予妻子感情上、肉体上的慰藉，而此时的女人则需要得到这些。当她不能被满足时，常常会感到自己很寂寞、被忽视、被欺骗了，于是她开始抱怨，并且开始进行种种无理的猜测。这导致了夫妻关系的疏远。

男人仍旧没有注意到这一点。一开始，女人会耐心地去试图理解、吸引、引导他；但当女人打算主动跟他谈心的时候，男人却一点儿都不重视。于是，这种难以忍受的、如同寡居的生活使女人越来越容易怀疑和猜测。

女人想要挽救似乎要破裂的婚姻。于是她产生了一种焦虑的感觉，并且为此而苦恼。她开始找机会刺激他，使他尴尬、发怒，这更加加深了女人的焦虑。就在这时候，发生了一件小事，他们发生了争执，女人开始借题发挥，而男人本性难移，依然忽视这种矛盾。男人认为女人是在无理取闹，一点儿都不理解自己的辛苦；认为她生性尖刻、泼辣，也许他们本来就不适合在一起。女人认为男人既然这么不重视她，于是就提出了离婚。

毫无疑问，这样的发展轨迹符合大多数情况。多么可怕！而这一切的原因仅仅是没有进行及时、有效的沟通。

因此，如果你认为存在这种危险的话，请多与你的妻子或丈夫谈心——把你心里的想法告诉对方，这样就会好起来的。

第十章

日常交际说话艺术

真诚换真心

有这样一个感人的故事：在美国西部的一个小镇，少女安妮由于受到严重碰撞，成了“植物人”，现代化的医疗手段无能为力，安妮醒来的希望极为渺小，她的父母悲痛欲绝，而安妮的朋友东妮每天都来到她的床前，抓住安妮的手，轻轻呼唤她的名字，仿佛在同一个正常的人娓娓而谈，日复一日，年复一年，奇迹终于出现了，真诚战胜了死神，东妮的呼唤居然使安妮苏醒过来了。

这是朋友之间的真诚而产生的奇妙的力量。茫茫人海，芸芸众生，我们在生活中与朋友相处怎能缺少真诚?

美国心理学家诺尔曼·安德林在1968年曾设计过一张表，列出555个描写人的形容词，让人们指出其中哪些人品最为人喜爱。结果表明，被人喜欢的选项中，位居前几位的竟有 6 个是与“真诚”有关的，而在评价最低的人品中，虚伪居于首位。这说明了真诚的人能让人产生一种安全感，从而受人欢迎；虚伪的人为人讨厌，难结良友。

真诚就是我们通常说的讲老实话、做老实人、办老实事，这是人与人之间关系亲密的根源，也是社交场赢得人缘的根本。我们往往说谁有人格魅力，其实人格魅力的基点就是真诚，真诚待人是赢得人心、产生吸引力的必要前提。对待你的朋友心眼实一点、心诚一点，你将能得到更多与人合作的机会，从而获得更大的成功概率。

现代社会是一个发展迅速、竞争激烈、优胜劣汰的社会，不少人有社交的强烈愿望，却喜欢把自己封闭起来。其实，与人交往我们也主张有颗戒心，但对你相识的、基本可以信赖的朋友，应多一点真诚。如果我们互相戒备，见面只说“三分话”，这谈不上是正常的交往，又何以能够推心置腹、以诚相待呢？因此要想得到知心的朋友，首先得敞开自己的心怀，要讲真话、实话，不遮遮掩掩、吞吞吐吐，以你的坦率换得朋友的赤诚和友爱。正如谢觉哉同志在一首诗中写道：“行经万里身犹健，历尽千艰胆未寒。可有尘瑕须拂拭，敞开心扉给人看。”

翻译家傅雷先生说：“我一生做事，总是第一坦白，第二坦白，第三还是坦白。绕圈子，躲躲闪闪，反易叫人疑心，你耍手段，倒不如光明正大，实话实说，只要态度诚恳、谦卑、恭敬，无论任何人都不会对你心存偏见。”由此可见，真诚是栽培友谊花朵的营养素，是美化社交环境的天然素。知无不言，言无不尽，以自己开阔、大度、实在、真诚的言行打开对方心灵的大门，并在此基础上并肩携手，合作共事。

现代心理学证明，人思想深处既有内隐闭锁的一面，又有希望获得他人的理解和信任的一面：我们总是定向地对自己的知己朋友袒露热诚，进行思想感情的交流和心灵的互动。其实，除了我们的隐私，许多的东西皆可向人倾诉，没有隐瞒的必要，朋友可在你的诚实中感受到你的可信。

真诚的本质就是一种坦荡、诚恳的发自于内心的待人接物态度，它的内涵不限于说真话，重要的是一种内在的品质。

一个人想在事业上飞黄腾达就必须有过人之处，就应该是：胸怀坦荡，光明磊落，以诚心为本，做一个正直的创业者。

坦荡磊落，本于正，本于诚。坦率诚挚的准则是公正，而正直的保证又是坦诚。在公正忠诚基础上的直言劝谏才能直而不狡、诚而不诡、劝而不害；诚信更是交友的基本原则，只有常怀一颗真诚的心，才能充分地扩展人际合作关系，才会点旺人气，为将来的事业打下基础。

唐武则天时，狄仁杰应召回京，被任命为宰相，与当朝宰相娄师德共同辅政，他并不知道自己是娄师德全力推荐的，相反他总觉得是娄师德从中作梗，甚至怀疑前一段时间自己所受的遭遇也是与娄师德有关，因此，他常在武则天面前指责娄师德的不是。对此武则天大为不解。

终于，有一次，她问狄仁杰："娄师德究竟品行如何?"

狄仁杰嘲讽道："他带兵戍边时有过功劳，其品行好不好我不便说。"

"那么他有没有发现和举荐人才的能力?"武则天问。

"我和他一起共事，没感觉出他有这一点。"狄仁杰回答说。

这时，武则天拿出一张东西给他看，看完后，狄仁杰不禁面红耳赤，原来那是娄师德举荐自己的奏折。

狄仁杰感叹道："娄师德肚量这么宽厚，待人如此真诚，我还处处疑心于他，真是惭愧之至。”

此后他主动接近娄师德，两人的关系日渐密切，同心同德，共同辅政，相处得很好，而这对狄仁杰的为人有很大的影响。

可见，人与人交往需要一颗真诚之心。立身处世刚正不阿，与人办事真心真意，言之有理，行之有节，是人际交往的基本点。假如心口不一，见风使舵，阳奉阴违，两面三刀，就不是真诚的态度，是不利于交际的。

一架飞机起飞前，一位女乘客请空姐给她一杯水，她需要吃药。空姐很有礼貌地回答：“小姐，飞机刚刚起飞，还在颠簸。为了您的安全，请稍等片刻，等飞机进入平稳飞行后，我会立刻把水给您送过来，好吗？”

飞机进入了平稳飞行状态很久后，那位空姐猛然意识到：糟了，由于太忙，她忘记给那位乘客倒水了！就在此时，有人按响了服务铃。当空姐来到客舱，看见按响服务铃的果然是刚才那位女乘客，知道自己错了，她小心翼翼地把水送到那位乘客跟前，面带微笑地说：“小姐，实在对不起，是我的疏忽，延误了您吃药的时间。”

但是这位女乘客似乎并不领情，她指着手表怒气冲冲地说道：“医生要求我中午一定要吃药，但是现在已经3点了，你让我怎么吃这药？”

空姐手里端着水，心里有些委屈，但是她的脸上依然带着歉意的微笑，可是无论她怎么解释，这位挑剔的女乘客都不肯原谅她的疏忽。

接下来的飞行途中，为了补偿自己的过失，每次去客舱给乘客服务时，空姐都会特意走到那位女乘客面前，微笑地询问她是否需要水，或者别的什么帮助。然而，那位女乘客明显余怒未消，并不理会空姐。

临到目的地前，那位乘客要求空姐把意见本给她送过去，空姐知道她要投诉自己。此时空姐心里虽然依然委屈，但是仍然不失职业道德，显得非常有礼貌，面带微笑地说："小姐，请允许我再次向您表示真诚的歉意，无论你提出什么批评意见，我都将欣然接受您的批评！"那位女乘客没有开口，接过留言本，在本子上写了几行字。

等到飞机安全降落，所有的乘客陆续离开后，空姐打开意见本，却惊奇地发现，那位女乘客在本子上写下的并不是投诉信，而是一封热情洋溢的表扬信。

这位空姐用诚恳的态度向对方表示了歉意，面对这样的态度，即使是要求再苛刻的人，都会被打动。由此可见，诚恳的态度在人际交往中是多么的重要。

真诚是赢得牢固友谊的根本，以真待人，以诚感人，以信取人，都以真诚为前提。真诚是血与血相交流，心与心相叠印，情与情相融合。吹牛撒谎、虚伪狡诈的人，最终必然走向众人的对立面，成为形影相吊的孤家寡人。只有袒露自己真诚的胸怀，才能在社交场合左右逢源，与你的挚友以心换心，肝胆相照，才能为你的事业开拓崭新的未来。

闲谈是深交的前奏曲

有人认为聊天是极为浪费时间的事，岂知一般社交性质的谈话，多半是从闲谈开始的。实际上，之所以有些人"能说会道"、关系广泛，就是因为他们闲谈的功夫很棒。

但有些人就是不喜欢闲谈，他们觉得"今天天气怎么样"和"吃过早饭了吗”这一类的话，都是无聊的废话，他们不喜欢谈，也不屑于谈，他们不知道像这一类看起来好像没有意义的话，却还是有一定作用的。什么作用呢？就是交谈的准备作用，就像在踢足球之前，蹦蹦跳跳，伸手踢脚，做一些热身运动一样。

一般的交谈总是由闲谈开始的，说些看起来好像没有什么意义的话，其实就是先使大家轻松一下，熟悉一点，造成一种有利于交谈的气氛。

交谈都是由闲谈开始，比如说天气，而天气几乎是中外人士最常用的最普遍的话题。天气对于人生活的影响太大了，天气很好，不妨同声赞美；天气太热，也不妨交换一下彼此的苦恼；如果有什么台风、暴雨或是季节性流行病的消息，更值得拿出来谈谈，因为那是人人都关心的话题。

任何事情都有一个艰难的开端，就是交谈这样看似简单的事情也不例外。开始交谈，的确是需要相当的经验，当你面对着各式各样的场合，面对着各式各样的人物，要能做得恰到好处，实在不是一件容易的事。倘若交谈开始得不好，就不能继续发展双方之间的交往，而且还会使得对方感到不快，给对方留下不好的印象。

谈话也是对自身资源的一次挖掘，很考验一个人的知识水平和文化层次，平时除了你所最关心、最感兴趣的问题之外，你要多储备一些和别人闲谈的资料。这些资料应轻松、有趣，容易引起别人的注意。

富兰克林·罗斯福从非洲回到美国，准备参加1912年的总统竞选。因为他是已故美国总统西奥多·罗斯福的堂弟，又是一位有名的律师，自然知名度很高。

在一次宴会上，大家都认识他，但罗斯福却不认识在场的来宾。这时，他看出虽然这些人都认识他，然而表情却显得很冷漠，似乎看不出对他有好感的样子。

罗斯福想出一个接近自己不认识的人并能同他们搭话的主意。于是他对坐在自己旁边的陆思瓦特博士悄声说道："陆思瓦特博士，请你把坐在我对面的那些客人的大致情况告诉我好吗？"陆思瓦特博士便把每个人的大致情况告诉给了罗斯福。

了解一些情况后，罗斯福在闲谈中随口向那些不认识的客人提出了一些简单的问题，从中了解到他们的性格、特点、爱好，知道他们曾从事过什么事业、最得意的是什么。掌握这些后，罗斯福就有了同他们闲谈的资料，并引发他们的兴趣，在不知不觉中，罗斯福便成了他们的新朋友。

闲谈是交往的前奏曲，人们喜欢跟"能说会道"的人打交道，在闲谈上下功夫，你会得到好人缘。但是闲谈也需要有所注意。

很多人在闲谈中往往没话找话说，甚至说一些不负责任的闲话，而这些闲话中难免会涉及别人的是非，如果说得多了，难免会伤害到一些人。

常听到这样一句评价人的话："这个人说话不经过大脑。"就是指有的人在闲谈中不注意分寸，有的话没经过思考就说出来了，完全没有顾及听者的反应。

小夏是个大学生，因为长相可爱，性格开朗，所以结交了不少的朋友。但是很快，小夏就发现了一个问题：那些朋友和她交流过几次之后，就不再与她来往了。小夏也弄不清楚到底是什么原因造成的。

后来有一次，一个和小夏关系还不错的朋友告诉了她问题的所在。

“小夏，你有的时候说话太伤人了。”这个朋友说，“你说的话可能不是有心的，也不是故意想伤害别人的，可是你的话还是伤了别人。”

“是这样吗？我怎么不知道？”

“就说参加同学聚会那次吧，当时有个挺胖的女孩子，你还记得吧？”

“记得啊。”

“你在吃饭的时候不停地说什么胖的人容易得病啊，性格不好啊等等，虽然我们都知道你不过是闲谈而已，但是你说的时候完全没有考虑到那个女孩的感受。那个女孩当时几乎什么东西都没敢吃，回去的路上她还哭了呢，说她也不想那么胖啊。”

“但是，我并没有说她啊，只是因为说到时下减肥的话题时才说起来的。”小夏为自己辩解。

“是这样没错，可是你的话毕竟是伤到别人了啊，即使你是无心的也一样。”朋友严肃地对小夏说，“不管和什么人在一起，都要注意自己的言行，否则你的一句无心的话，可能会伤害到别人，就会被人疏远。”

千万不要忽视闲谈时的言行，说话要经过考虑。只有那些不带任何偏见色彩的，不存在个人主观意见的或者个人信仰的，不会伤害到对方的话语，才不会让你的形象受到言语的影响。

给朋友面子

谁都知道，许多人非常爱面子。人没有面子，就会觉得不体面，心里难受，朋友也不例外。给朋友面子其实就是给自己面子，你给了朋友面子，朋友往往就会很好地帮助你。

美国钢铁大王安德鲁·卡内基的助手查利斯·施瓦布是一个一年有100万美元薪水的人。像这样的待遇即使在美国也屈指可数。那么为什么卡内基能付给施瓦布年薪100万美元，即每天3000多美元的报酬呢？正如卡内基亲自为他写的墓志铭上说的那样：“他是一位知道如何将那些比自己聪明的人团结在身边的人。”也就是说，施瓦布善于给别人面子，以面子换来面子，换来那些肯为他打天下的人。

有一天中午，施瓦布从一个钢厂走过，看到几个雇员正在车间里吸烟，而那块“严禁吸烟”的大招牌就在他们的头顶上。施瓦布没有指着那块牌子对他们说：“你们站在这里抽烟，难道你们都是文盲吗？”而是朝那些人走过去，友好地给每个人递上一支雪茄，并说：“孩子们，如果你们能到外面去抽这些雪茄，我将十分感谢。”

那些吸烟的人立刻意识到自己错了，对施瓦布就自然产生了好感，因为他没有简单粗暴地斥责他们。在纠正错误的同时，并没有伤害他们的自尊，这样的领导，谁还愿意和他作对，而不去努力工作呢？因为他们的领导在指出错误的同时，使得他们保住了面子，他们也应该给领导面子，把自己的工作做得更好。

上面说的虽是上下级间的面子问题，但朋友间又何尝不是如此呢？与其伤朋友的面子，不如给他一个面子，让他欠你的情，那么他日后回报的面子一定大于你给他的。

诸葛亮之所以一生追随刘备，鞠躬尽瘁，死而后已，就是因为刘备给了他太大的面子。刘备第一次屈身去请，诸葛亮适逢外出。第二次去请，诸葛亮又恰巧不在。一直到第三次，诸葛亮才与他交谈。如此大的面子，诸葛亮怎能不尽心相报。这位历史上最出名的谋士，被请出山时还是满头青丝，等去世的时候，已是白发苍苍的老者了。诸葛亮不仅全心回报了刘备，也回报了其儿子刘禅的面子，最后，终以生命相报，不得不让人感慨面子的重要。

陈文进公司不到两年就坐上了部门经理的位置，但是有个别下属不服他，有的甚至公开和他作对，钱诚就是其中的一位，而且钱诚是他从小玩到大的朋友。自从陈文做了部门经理之后，钱诚经常迟到，一周 5 天，他甚至有 4 天都迟到。

按公司规定，迟到半小时就按旷工一天算，是要扣工资的。问题是，钱诚每次迟到都在半小时之内，所以无法按公司的规定进行处罚。陈文知道自己必须采取办法制止钱诚这种行为，但又不能让矛盾加深。

陈文把钱诚叫到办公室："你最近总是来得比较迟，是不是有什么困难?"

"没有啊，堵车又不是我能控制的事情，再说我并没有违反公司的规定呀。"

"我没别的意思，你不要多心。"陈文明显感觉到了对方的敌意。

"如果经理没什么事，我就出去做事了。"

"等等，钱诚你家住在体育馆附近吧。"

“是啊。”钱诚疑惑地看着对方。

“那正好，我家也在那个方向，以后你早上在体育馆东门等我，我开车上班可以顺便带你一起来公司。”

没想到陈文说的是这事，钱诚反而有些不好意思，喃喃地说：“不，不用了……你是经理，这样做不太合适。”

“没关系，我们是朋友啊，帮这个忙是应该的。”

陈文的话让钱诚脸上突然觉得发烧，人家陈文虽然当了经理，还能平等地看待自己，而自己这种消极的行为，实在是不应该。事后，钱诚虽然还是谢绝了陈文的好意，但他此后再也不迟到了。

知道你的朋友做错了，直接提建议很可能会伤及他的面子，同时破坏你们的友谊，不如学学陈文的做法迂回指出缺点错误。

有时候，给朋友留面子，尊重朋友，是一种征服。

某校在评定职称时，由于高级职称的名额有限，一位年龄较大的教师未能评上。因为评选工作是保密的，这位老教师便向一位负责职称评定的副校长打听情况。副校长考虑到工作迟早要做，便和这位老教师像朋友一样地坐下来促膝交谈：

校长：哟：老×，什么风把你给吹来了。

老师：校长，我想知道这次评高讲我有希望吗？

校长：老×，先喝杯茶，抽支烟。我们慢慢聊，最近身体怎么样？

老师：身体还说得过去。

校长：老年教师可是我们学校的宝贵财富，年轻教师还要靠你们传帮带呢！

老师：作为一名老教师，我会尽力的。可这次评定职称，不知道能否……

校长：不管这次评上评不上，我们都要依靠像你这样的老年教师。你经验丰富，教学也比较得法，学生反映也挺好。我想，对于一名教师来说，这一点，比什么都重要，你说呢？

老师：是啊！

校长：这次评职称是第一次进行，历史遗留的问题较多，可僧多粥少，有些教师这次暂时还很难如愿，要等到下一次。这只是个时间问题。相信大家一定能够谅解。但不管怎样，我们会尊重并公正地评价每一位教师，尤其是你们这些辛辛苦苦工作几十年的老教师。

老教师在告辞时，心里感觉热乎乎的，他知道自己这次评上高讲的希望不大，但由于自身得到了别人的尊重，成绩受到了别人的肯定，他能接受那样的结果。用他对校长的话讲："只要能得到一个公正的评价，即使评不上我也不会有情绪的，请放心。"

本杰明·富兰克林，是一位杰出的科学家、政治家、外交家，具有高超的为人处世的技巧。他曾在年轻时当选为费城市议会的文书，他本人很喜欢这个工作，但是议会中有一个既有钱又很有才能的议员，很讨厌富兰克林，甚至公开责骂他。富兰克林决心使这位议员先生喜欢他，他讲述了自己所用的一种方法：

"我听说他的图书室里藏有一本非常奇特的书，我就写了一封便函，表示我极欲一读为快，请求他把那本书借给我几天，好让我仔细地阅读一遍。他马上叫人把那本书送来了。过了大约一个星期的时间，我把那本书还给他，还附上一封信，强烈地表示我的谢意。

“于是，下次当我们在议会里相遇的时候，他居然跟我打招呼了（他以前从来没有这样做过），并且极为有礼。自那以后，他随时乐意帮助我，于是我们变成了很好的朋友，一直到他去世为止。”

朋友相交，一定要会用面子。你给朋友面子，朋友自然也会回报你，如果你有什么事需要朋友帮个忙，朋友念在你曾给的面子，一定能鼎力相助。

当不幸者需要安慰时

人生的道路不平坦，逆境常多于顺境。不幸的事，人人难免。身处逆境，面对不幸，不仅当事者本人需要坚强起来，也迫切需要别人的安慰。人是社会的、合群的和有感情的高等动物。痛苦再加孤寂，痛苦倍增；痛苦有人分担，痛苦减半。“患难见真情”。安慰如“雪中送炭”，能给不幸者以温暖、光明和力量。给予不幸者以安慰，是为人处世的一种美德。当朋友遭到不幸时，及时送上真诚的安慰，更是你应尽的责任。

一个夏日的傍晚，一位少妇投河自尽，被正在河中划船的老船夫救起。老船夫关切地问道：

“你年纪轻轻，为什么要寻短见呢？”

少妇哭得凄凄惨惨，说：

“我才结婚一年，丈夫就抛弃了我，活着还有什么意思呢？”

“那我问问你，你一年以前是怎么过的呢？”老船夫问道。

少妇回忆起自己一年前的美好时光，她眼前一亮：

“那时我自由自在，无忧无虑，对生活充满了希望。”

“那时你有丈夫吗？”老船夫又问。

“当然没有啦。”少妇答道。

老船夫说：“那么你不过是被命运之船送回到一年前，现在你又自由自在，无忧无虑了，你什么也没损失啊。”

少妇想了想，说：“这还是真的，我怎么会和自己开了这么大一个玩笑呢！”说完，又重新充满了希望。

人在悲伤的时候，总会认为未来的生活毫无希望，从而失去对生活的兴趣，老船夫让少妇回忆起过去的美好生活，让少妇明白生活中还是有很多让人快乐的事情，重新点燃了她对生活的希望之火。后来，他们成了一对忘年之交。

生老病死是自然规律。具体到生病，人在生病以后，情绪会很低，经常会心烦意乱，胡思乱想。你如果能够将安慰奉献给他们，他们的心情就会好转些，并对你表示感激。不过，你应当讲究一些技巧，这样才能达到安慰患者的目的。

要了解情况，有针对性地同病人进行交谈。

了解情况，是指对病人的病情、思想状况和实际情况有所了解，以及有关疾病的基本医药卫生知识。根据患者在住院期间的不同状况来进行各种安慰。

例如，有的慢性病患者由于时间较长，容易产生放弃希望的思想。对此，要多给他讲一些“既来之，则安之”的道理，劝慰病人在医院安心治疗，不要有头无尾，功亏一篑。有的病人可能较多地考虑经济负担等实际问题，对此则应该劝他们着眼于健康，注意调养，并建议与单位联系争取适当补助。有的病人对自己所患疾病缺乏信心，遇到这种状况，就应该多介绍一些别人得了同类的病而经过治疗得到痊愈的事例，这样就可以减少患者及其家属的忧虑。

交谈中尽量多谈一些患者感到愉快、宽心的话题和事情。安慰病人的目的在于让病人精神宽松，早日恢复健康。因此，在安慰对方时，绝不能与其谈论有可能增加忧虑和不安的消息与话题。在病人谈论病情和感觉时，应当认真聆听，以便从中发现一些对病人有利的因素。随时接过话题，对病人进行安慰。

在交谈过程中，还要特别注意语气语调的运用。病痛在身的人，十分需要他人的安慰，因而对探望者的语气语调特别敏感。所以，探望者要努力使自己在交谈时音量适当，语气委婉，感情真挚。要尽量使患者在你探望后感到心情愉快和轻松。这样，有利于减少疾病给患者带来的心理压力，有助于恢复健康。

中央电视台著名主持人赵忠祥，有一次去某精神病医院采访一位女患者。编辑的采访提纲中原先拟好的问题是："你什么时候得的精神病?"赵忠祥感到这话过于刺激患者，就改用委婉亲切的问法："您在医院住多久了?""住院前觉得怎么不好呢?"几句和蔼可亲婉转温和的问话，一下子缩短了交谈双方的距离，那位原是小学教师的患者感到来访者亲切可信，回答问题时也显得自然恳切。她说："最近，我快出院了，我非常想念我的学生们。我真想快一点治好病，能为教育孩子贡献我一份力量。"语言诚恳感人，谈得十分投机。赵忠祥马上接口讲："您很快就要出院了，真为您高兴。今天咱们这段谈话已经录了像，过几天在电视里播放，我想您的学生看到您的身体恢复了健康，也一定会很高兴的……"

有的人胸怀大志，无奈情场失意，一蹶不振，这时你应该及时地对他进行安慰并鼓励他尽快振作起来，唤醒他的自我意识。

小吴从大学一年级开始谈恋爱，三年了，不久前不知何故女朋友跟他吹了。他很伤感，一蹶不振。他父亲的一位朋友李老师知道此事后，特地赶来做疏导工作。李老师一见面就说：

“我知道你失恋了，是来向你道贺的！”

小吴很生气，转身就走。李老师说：

“难道你不问问为什么吗？”小吴停下来，等着听李老师的下文。李老师说：

“大学生都希望自己快点成熟起来，失败能使人的心理、思想进一步成熟起来，这不值得道贺吗？大学生的恋爱大多数只能属于非婚姻型，一是大学生在学习期间不允许结婚，二是很难预料大家将来能否在一起工作。这种恋爱的时间又很长，随着知识的积累，人慢慢成熟了，就有可能重新考虑对方，恋爱也就悄悄发生了。应该说，这是大学生心理成熟的一种重要标志，你这么放任自己的感情，是心理成熟还是不成熟的表现呢？另外，越到高年级，大学生越倾向于用理智处理爱情。这时，感情是否相投，性格是否和谐，理想和追求是否一致，学习和工作是否互助互补，都会成为择偶的标准，甚至双方家庭有时也会成为重点考虑的条件，这就是择偶标准的多元化，这种标准多元化更是大学生心理逐渐成熟的表现，也符合普遍规律。你女朋友和你分手是不是出于择偶条件的全面考虑？你就没有全面考虑你的女朋友吗？如何处理你这种感情的失落，你该心中有数了吧？”

李老师先设置悬念——“道贺你失恋”，把小吴从感情的泥沼中“唤”了出来，然后通过合情合理的分析，唤醒他的理智，多次用“大学生失恋不一定是坏事，而是心理成熟的标志”的观点来加以点校。李老师就是一步步唤醒小吴的年龄意识，使他意识到是该用理智来处理感情问题的时候了，从而约束自己的感情，恢复心理平衡。

关心是相互的

一个极其寒冷的冬日的夜晚，路边一间简陋的旅店迎来一对上了年纪的客人。然而不幸的是，这间小旅店早就客满了。

“这已是我们寻找的第十六家旅社了，这鬼天气，到处客满，我们怎么办呢?”这对老夫妻望着店外阴冷的夜晚发愁地说。

店里的小伙计不忍心这对老人出去受冻，便建议说：“如果你们不嫌弃的话，今晚就睡在我的床铺上吧，我自己在店堂里打个地铺。”

老夫妻非常感激，第二天要照店价付客房费，小伙计坚决拒绝了。临走时，老夫妻开玩笑地说：“你经营旅店的才能真够得上当一家五星级酒店的总经理。”

“那敢情好！起码收入多些可以养活我的老母亲。”小伙计随口应道，哈哈一笑。

没想到两年后的一天，小伙计收到一封寄自纽约的来信，信中夹有一张往返纽约的双程机票，信中邀请他去拜访当年那对睡他床铺的老夫妻。

小伙计来到繁华的大都市纽约，老夫妻把小伙计带到第五大街和三十四街交汇处，指着那儿的一幢摩天大楼说：“这是一座专门为你兴建的五星级宾馆，现在我正式邀请你来当总经理。”

年轻的小伙计因为一次举手之劳的助人行为，美梦成真。这就是著名的奥斯多利亚大饭店经理乔治·波菲特和他的恩人威廉先生一家的真实故事。

关心是相互的，你真心实意地对人付出热情，对方就会把你当成真正的朋友，并以他的关心作为回应。

《太阁记》是日本历史上的名将丰臣秀吉的传记，其中有一段极有趣的插曲是“短矛和长矛比赛的故事”。

有一天，秀吉的主公信长的专教矛术的武师，主张作战时短矛较有利，但是木下滕吉郎（秀吉），却力说在战场上长矛较有利，二者争执不下，互不相让。于是信长各派一小队小兵给武师和秀吉二人，交代他们各训练三天后举行一场比赛，用以证明长矛短矛何者较有利。

那一位矛术大师从第一天起就对部下小兵施以严厉的训练，开口闭口就是：

“这个地方不对，那个地方不对。”

“那种刺法，违反了矛术原则。”

“用力刺，再用力刺！”

最后甚至说：“你们这些小兵就是缺乏武术的涵养，真是不成材的无能东西……”

就这样，不停地数落小兵们的缺点，第二天、第三天也是同样的严格训练，使小兵们身心俱感疲乏不堪。

“管他什么鬼比赛，输赢对我们来说有什么关系，比赛时只要随便比画两下，应付应付就好。我们安分地做我们的小兵吧！每天如此严厉地训练，怎么吃得消？”

武师手下的小兵们已然完全丧失了斗志。

滕吉郎这一方面如何呢？第一天，他先吁请部下的小兵们大家通力合作，然后说：

“长话短说，大家先来开怀畅饮，预祝我们旗开得胜。”

于是大开宴席，夸奖小兵们臂力强大、体格魁梧……大大地鼓励了一番。

第二天也是大略训练了一下，就解散了。在解散之前依然是大大地犒劳了一番，一边喝酒，一边告诉他们说：“在战场上，矛不只是用来刺人的，你们可以任意挥舞，打敌人的脚，刺敌人的胸膛，打得敌人翻滚在地，只要达到目的，任何用法都可以。”

第三天仍然是简单地做了个总复习，就鼓舞激励大家说：

“大家再喝一杯，好好地培养体力，明天的比赛一定可以获胜。”

三天以来，小兵们天天吃的是山珍海味，体力充足，精神百倍，滕吉郎又如此地鼓舞、关心他们，每个人在心中都暗暗发誓，非替滕吉郎打个胜仗不可。

御前比赛的结果，不用说，滕吉郎这一队获得大胜。

关心别人其实是从一些小事上开始的，把别人的事多放在心上，不要总是对那么微不足道的小事情漠不关心。罗斯福总统为什么能受到那么多人的喜爱，就是因为他总是真心实意地对他们表示关心。

有一天，一位仆人的妻子问罗斯福：

“鹌鹑是一种什么鸟？”

总统非常亲切、详细的解说有关鹌鹑的一切给她听。过了不久，总统打了个电话到仆人的家里，告诉仆人的妻子：

“现在刚好有鹌鹑在窗外，你赶快过来站在窗户边看看。”

关心他人还要经常留意他人的兴趣爱好。

不论什么时候，只要你看到与某人的特殊兴趣有关的文章，你都可以把它剪下来或者复印一份，然后送给有关的人。这是与人保持交往的一种极好的方式，而不要仅在你需要获得某种关心时才打电话给他，没有什么比这样更糟了。当你送给他们一些感兴趣的内容时，你可以在需要某些帮助的时候随时打个电话。他们将会记住是你送给他们剪贴文章，也许他们还会向你表示“我能为你做些什么呢”。

总之，关心是相互的，要获得朋友的关心就要主动献上自己的一份诚挚的关怀。

微笑交流

微笑是一门艺术，一门学问。微笑牵涉我们的文明素养，微笑也牵涉我们的民族性格和传统文化。微笑展示仁慈宽厚的胸怀，微笑显现愉悦欢快的心态；微笑是尽释前嫌、化解恩仇的阳光雨露，微笑是社交场合的通行证。

有位学者曾这样说过：当你离开家门时，注意，先收紧下颚，然后抬头挺胸，用力做个深呼吸。出门走在路上，不要吝啬你的笑容，如果遇到熟人，更别忘了保持微笑。与别人握手的时候，要诚心诚意，不要让对方造成误解，也不要在意对方是你的竞争对手。

因为微笑具有神奇的魔力，是最好的魔法师。

当你走进商店，店里的服务员对你微笑，你会感到愉快，觉得自己受到了尊重；走进单位时，对遇到的每一个人微笑，大家都会感到心情舒畅，会从彼此的微笑中得到这样的信息——“他是一个和蔼的人”，“她是一个值得信赖的人”。

《如何消除内心的恐惧》一书的作者波拿巴·傲巴斯多丽在书里写道：“你向对方微笑，对方也会报以微笑，他用微笑告诉你，你让他体会到了幸福感。由于你对他微笑，使他觉得自己是一个受别人欢迎的人，所以他会向你报以微笑，使他感到自己的价值和地位。”

人际交往中，情绪是一个影响交流效果的重要因素。积极的情绪可以缓解紧张，而消极的情绪只能制造紧张。任何人都不希望在人际交往中制造出紧张的气氛，都希望用最好的气氛协调关系，而微笑就是最好的表达方法。

微笑虽然无声，但却可以表达出高兴、赞同、尊敬、同情、感谢等讯息。所以微笑是阳光，可以驱散阴霾；微笑是春风，可以驱散寒冷。

不过有一点你必须做到，那就是你的微笑一定要发自内心。

我们说过称赞别人必须出自真诚。同样地，微笑也必须发自内心。

不完全或是令人感觉特意修饰的微笑，是无用且虚伪的。如果你想微笑就大大方方地笑吧！甚至张开大嘴露出白齿的大笑都能讨人欢心。

有些人会认为自己原本就很内向，从来不会这样开怀地笑过，所以现在要面露微笑恐怕也很困难。可是各位，不必担心，要养成微笑的习惯，只需慢慢练习，时常表现自己的情感就可以了。你练习的机会愈多，愈会感到心里充满自由和轻松。而每天都感觉自由、轻松的人，就算他以前是整日愁眉不展的人，现在也会面露微笑。我们认识许多有此经验的人，在这里我们就为你举例：

任某某任职于某保险公司，负责对外招揽客户，他已经连续好几年业绩居全公司之冠，他曾经这样说过：

“你不妨面对镜子照照自己的脸，当你失意的时候，镜中就会出现一副落寞无神的面孔；当你得意的时候，镜中就会出现一副神采飞扬的面孔，可见面相和手相一样是会改变的。如果有人不在意自己面相的变化，而想赚顾客的钱，那么这个人必然是商场的败将。当我们和别人交往时，应该真心流露出亲切、欢喜、笑容可掬的表情。为此我们必须经常面对镜子，研究自己的面相。”

所以，你不妨每天早上在洗手间里反复练习，想想从前快乐的往事，或者想想令你愉快的事，你自然会在镜中看到自己快乐的笑脸。

微笑可以带来奇迹。

因此，当你要称赞别人时，请面带笑容。因为，这样会使你的称赞产生更多的效果。

当你委托别人做事时，也请你微笑。因为，别人会因此而认为非照你所委托的去做不可。

当你接受别人的委托，也请你微笑。因为，对方会因此而对你更加感激。

即使是你在说“无聊的话”时，也请你面带微笑。因为这样会让你的“无聊”降低到最低程度。

所有这些你都做到了，朋友自然会找上门来，没有人会拒绝一个能给自己带来好心情的朋友。就连小偷也会因为你的微笑放弃偷盗而与你成为朋友。有这样一个故事：

独自在家的家庭主妇小乔正看一档法制节目，说的是关于注意门户、小心打劫的新闻。这时候，门铃响了，以为是婆婆回来的小乔问都没问一声，就打开了门，就在小乔打开门的同时，她看见一个持刀的男人正恶狠狠地盯着自己，回想刚才的新闻，她顿时明白自己遇到什么情况了。怎么办，尖叫吗？

聪明的小乔灵机一动，微笑着说："先生，你真会开玩笑！你是推销菜刀的吧？这菜刀的样式我喜欢，我要一把。"小乔边说还边作势让男人进屋，又接着说："你很像我过去的一位邻居，看到你真的很高兴。你喝咖啡，还是喝茶？"

没想到会遇到这样的人，本来脸带杀气的歹徒慢慢地变得腼腆起来。他有点结巴地说，"谢……谢，谢谢！"

最后，小乔真的买下了那把明晃晃的菜刀。拿钱的时候歹徒迟疑了一下才收下，在转身离去的时候，他对小乔说："小姐，您改变了我的一生！我想跟您成为朋友。"

总之，人应该保持平稳的精神状态，也就是要有开朗且坦诚的心境。因为只有微笑才能保持正常的精神状态，而只有精神状态正常的人才具有无穷的魅力和创造能力，才能实现夙愿。

所以，从现在开始，收紧你的下颚，抬头挺胸，以微笑面对整个世界，你得到的将会是同样的友好的回应。

第十一章 职场中的交谈艺术

对领导说话不卑不亢

有的下属对领导唯马首是瞻，即使领导做错了，还佯装欢笑，卑躬屈膝，违背原则地说一些子虚乌有的话。如果是非常精明的领导，这种人是很难得到重用的。因为这种人并没有什么真才实学，不仅很难成事，还经常会坏事；而且这些人把利益放在第一位置，现在他可以违背自己的良心说对你有“利”的话，明天也可以干出对你不利的事来。

当然，作为下属，对领导的面子还是要照顾到的。这就要求在和领导讲话的时候既不能肉麻地拍马屁，也不能让领导感觉被压制，下不了台，也就是要不卑不亢。

当在领导面前处于不利境地时，如果为了迎合领导，讲了假话，那就违背了自己的内心，也未必会得到领导认可。在这个时候如果讲究点技巧，不卑不亢，既讲了真话，不违背自己的本心，又能使对方接受，岂不是一举两得。下面就是这样一个例子：

宋代有一位大臣，为官公正，为人刚正不阿。年轻时四处游学，机缘巧合，竟然认识了微服私访的当朝皇帝。皇帝心血来潮，写字画画儿去卖，只可惜水平实在不高。这位青年告诉皇帝，他的画只值一两银子。皇帝听了既不服气又生气，但也不好发作。

第二年这位青年进京赶考，高中状元，成了天子门生。觐见皇帝时才发现，原来当年卖画儿的老兄竟然是皇帝，皇帝也认出了他。皇帝屏退左右，只将这位大臣留了下来，拿出当年只值一两银子的那幅画，问道："卿家认为这幅画价值几何?"

这位大臣赶紧前进一步说道："这幅画如果是陛下送给微臣的，那就价值万金，因为无论陛下送的何物，对微臣来说，都是无价之宝。但如果拿去卖的话，这幅画就值一两银子。"

皇帝听了，不禁拍掌大笑，知道自己有了一位才学渊博、品行端正的忠心之士。

这位大臣在这里并没违背自己的本意，而是讲了真话，这种不卑不亢的巧妙表达，也使皇帝觉得在理，因而也非常高兴。

对于有些涉及领导者的棘手问题，为了给对方留一个面子，同时恰当地维护自己的尊严，就要巧妙区分，从不同的角度来解决，这一招通常都是很灵验的。

不卑不亢只是一种说话手段，运用它的关键是理直而气壮，只有在领导面前大胆地说出应该说的话，才能不致弄巧成拙，惹领导不快。

对领导有意见婉转说

面对来自上司的压力，总有一些话如鲠在喉，不吐不快。此时此刻，你将怎么做？不吐不快，绝不意味着要一吐为快，跟上司提意见还是要婉转说。因为他有权力随时开除你。

提意见兼并上司的立场

李先生是一家比较知名外企的总经理助理。他的顶头上司王总搞学术和技术出身，由于工作重点长期落在研究开发领域，因此对企业管理一知半解。出于对技术的钟情与依恋，王总直接插手技术部门的事，把管理的层级体系搞得乱七八糟，其他部门虽然表面上敢怒不敢言，但私下里无不怨声载道，让李先生与其他部门沟通协调倍感吃力。

经过思考，李先生决定采用兼并策略，向王总建议。

他对王总说，真正意义上的领导权威包含着技术权威和管理权威两个层面，王总的技术权威牢固树立，而管理权威则有些薄弱，亟待加强。王总听后，若有所思。

李先生巧妙地兼并了王总的立场，结果获得了成功。后来，王总果然越来越多地把时间用在人事、营销、财务的管理上，企业的不稳定因素得到控制，公司运营进入了高速发展状态，李先生的各项工作也顺风顺水，渐入佳境。

从李先生的经历，我们可以得到很好的启发：兼并上司的立场，的确不失为向上司提意见的上等策略。首先，它没有排斥上司的观点，而是站在上司的立场上，最终是为了维护上司的权威，出发点是善意良性的；其次，这种策略是一种温和的方式，能够充分照顾上司的自尊，易于被上司接受，效率较高；另外，它需要很强的综合能力，需要很高的社会修养。能够针对不同情况，不断提出有效率的兼并上司立场的意见，并非轻而易举。长期这样做下去，久而久之，自己个人的领导能力亦会迎风而长，甚至来一个飞速提升。

注意语气适当，措词委婉

因为说得过火或过于渲染，涉及领导的尊严与权威，尺度掌握不准，搞得不好就会有嘲讽、犯上之嫌，被领导误以为心怀不满，另有所指。所以下属一定要注意使自己的口气比较和缓，显示自己的诚恳和尊敬之情。特别是要使领导明确地认识到，你的所作所为都是出于做好工作的动机，是为领导设身处地地着想，而不是针对领导者本人有何不恭的看法。

“要想成功与上司交手，了解他的工作目标和其中的苦衷是极为重要的。”赖斯顿说，“假如你能把自己看作是上司的搭档，设身处地替他着想，那么，他也会自然而然地帮你的忙，实现你的理想。”

卡耐基·梅伦大学的商学教授、《金领工人》一书的作者罗伯特·凯利，曾引述加利福尼亚某电影公司的一位程序设计员和他上司进行争辩的故事。当时，为了某个软件的价值问题，双方争执得僵持不下。凯利说：“我就建议他们互换一下角色，以对方的立场再进行争辩。5分钟以后，他们便发现自己的行为有多么可笑，两个人都不禁大笑起来，接着，很快找出了解决的办法。”

和上司有分寸地开玩笑

高蝶上学的时候就非常聪明，老师说她的脑子灵活，言辞犀利，还有丰富的幽默细胞。无论上学还是工作，她都是大家的一颗“开心果”。尽管如此，她在一家公司已经工作3年了，仍然只是一名仓库管理员。到底是什么原因使她在工作上没有转变，她自己也说不好。

那天，高蝶向研究心理学的表哥提到了这个问题，表哥问她：“你平时有没有在言辞上对上司不敬啊？”

高蝶一愣，想她平时除了爱开玩笑，没有其他的毛病了，难道是她向上司开玩笑引起的？于是，高蝶想到了最近的几个玩笑。

那天，上司穿了身新衣服来上班，灰西装、灰衬衫、灰裤子、灰领带。同事都没有说话，只有高蝶高声地喊着：“哎呀，穿新衣服了？”上司听了咧嘴一笑，她接着捂着嘴笑：“哈哈，像只灰耗子！”

还有周五的时候，来了个客户找上司签字。当上司签完字后，对方连连称赞上司的字好，说：“您的签名可真气派！”高蝶正好走进办公室，听到称赞声后，一阵坏笑：“能不气派吗？我们上司可暗地里练了3个月呢！”当时她注意到上司和客户的表情都很尴尬，不过她也没有多想。

现在仔细一想，好像问题都出在这里。有时为了赶时间，高蝶很早就去公司上班了，所以加班时会满身疲惫，难免出点差错，上司不仅不体谅，还不分青红皂白地说她偷懒，怎么解释都不行。当时觉得很委屈，目前看来，好像真正的原因很明了了！

玩笑开得好不仅可以增进人际关系，还能使你整个人充满魅力。但如果玩笑有人身攻击的成分，就是黑色玩笑了。很多人喜欢和别人开玩笑，却不知道玩笑也是要有分寸的，其实，黑色玩笑体现一个人性的弱点：面对一个人或一件事时，会不自觉地挑刺，这是一种思维习惯。

开玩笑没有分寸的人一定是热衷于挑刺的人，这类人往往被视为“刻薄”，容易引起他人反感。同事或朋友、同学之间，也许一笑了之，但如果冒犯了上司的尊严，其后果是严重的。

首先要学会宽容，学会挖掘别人的优点。只有你的眼睛里都是对方优点的时候，你的玩笑开起来才会动听一些。

其次，在和上司单独相处时，可以去赞美对方的衣饰细节的变化，这样能迅速拉近双方间的距离。用这个方法，不仅能在紧急时刻迅速打破和上司之间的僵局，而且还能了解到不少上司的喜好。

嘴上要突显上司身份

既然你的角色是为人职员，那么就该摆正自己的位置，在自己的职位上为公司出力，而且还要做到不“越位”。上司就是上司，平时说话应该注意突出他的身份。

“越位”的表现有多种：

第一，决策的越位。在有的企业中，职员可以参与决策，这时就应该注意，谁做什么样的决策，是要有限制的。有些决策职员可以参与意见，有些决策，职员还是不插言为妙。

第二，表态的越位。表态，是表明人们对某件事的基本态度。表态要同一定的身份密切相关。超越了自己的身份，胡乱地表态，是不负责任的表现，也是无效的。对带有实质性问题的表态，应该由领导或领导授权才行。而有的人作为下属，却没有做到这一点。上级领导没有表态也没有授权，他却抢先表明态度，造成喧宾夺主之势，陷领导于被动。

第三，干工作的越位。哪些工作由你干，哪些工作由他干，这里面有时确有几分奥妙。有的人不明白这一点，有些工作，本来由领导做更合适，他却抢先去做，从而造成干工作越位。

第四，答复问题的越位。这与表态的越位有些相同之处。有些问题的答复，往往需要有相应的权威，作为职员、下属，明明没有这种权威，却要抢先答复，会给领导造成工作的干扰，也是不明智之举。

第五，某些场合的越位。有些场合，如与客人应酬、参加宴会，也应当适当突出领导。有的人作为下属，张罗得过于积极，比如同客人如果认识，便抢先上前打招呼，不管领导在不在场。这样显示自己太多，显示领导不够，十分不好。

在工作中，“越位”对上下级关系有很大影响。下属的热情过高，表现过于积极，会导致领导偏离帅位，大权旁落，无法实施领导的职责。因此，领导往往把这视为对自己权力的严重侵犯。

下属如果经常这样，领导会视之为“危险角色”，不得不警惕你，甚至来制约你，这时，即使你有意同领导配合，领导也不愿与你配合了。

阿明年轻干练、活泼开朗，入行没几年，职位“噌噌”地往上升，很快成为单位里的主力干将。几天前，新老板走马上任，下车伊始，就把阿明叫了过去：“阿明，你经验丰富，能力又强，这里有个新项目，你就多费心盯一盯吧！”

受到新老板的重用，阿明欢欣鼓舞。恰好这天要去上海某周边城市谈判，阿明一合计，一行好几个人，坐公交车不方便，人也受累，会影响谈判效果；打车吧，一辆坐不下，两辆费用又太高，还是包一辆车好，经济又实惠。

于是，阿明来到老板跟前。“老板，您看，我们今天要出去，”阿明把几种方案的利弊分析了一番，接着说，“所以呢，我决定包一辆车去！”汇报完毕，阿明发现老板的脸不知道什么时候黑了下来。他生硬地说：“是吗？可是我认为这个方案不太好，你们还是买票坐长途车去吧！”阿明愣住了，他万万没想到，一个如此合情合理的建议竟然被打了“回票”。

“没道理呀！傻瓜都能看出来我的方案是最佳的。”阿明对此大惑不解。

专家提示：阿明凡事多向老板汇报的意识是很可贵的，错就错在措词不当。注意，阿明说的是：“我决定包一辆车！”在老板面前，说“我决定如何如何”是最犯忌讳的。

尊卑有序是一种纪律的象征，维护领导权威形象是属下分内的事。

在许多时候，职员有同领导出访客户的机会。在这个时候，领导和职员的配合程度直接关系到公司的形象，做好陪同是对职员的基本的要求。比如有重要的契约或接受订货时，必须与领导同行，这时一般有两种情况要注意：

第一种是客户和领导有直接的关系。这时作为下属应该站在辅助的地位，和客户初次见面时应该亲切地寒暄，并且作适当的自我介绍，第一次就要给对方留下一个好印象。在整个谈话过程中，要不卑不亢，给人以良好的感觉。

在客户和领导谈话时，陪同的职员应该细心地倾听，如果对方有问题问你，你要直接或间接地征询领导的意见，然后给对方以满意的回答。谈判过程中，如果领导和客户在某个方面争论得比较激烈，你就要适时地从中打圆场。在商谈结束时，无论成交还是不成交，都不要被当时的气氛所影响，应尽宾主之仪，亲切地道别，不要让对方有这样的评价："这个公司上下怎么一点礼貌都不懂。"或是："这个公司经理还不错，可用人不太精明，怎么选了这么不懂礼仪的陪同。"

还有一种情况是请领导访问自己所熟悉的客户。这时首先要注意的是前面已讲过的不要"越位"，应该将自己立于领导和客户之间的中间人立场，使领导有多讲话的机会。

在领导与客户商谈时，应该注意领导的谈判技巧和应对方式，并且要充分掌握气氛变化。气氛过"热"时，适当地"降温"，如"来，大家先喝杯茶"；气氛过"冷"时，不时地"加温"，可以说"这茶不错，你们认为呢?"这样适度地转移话题，解除尴尬，才不失为中间人的身份。

当然这时也不能一味骑墙，毕竟商谈是为了本公司的利益。因此，你要不太显露地为本公司出力。比如，当领导谈判时进一步向对方提问时，你可以若无其事地推动；当你认为领导谈判的内容不当或有必要进行更正时，应该很有默契地助领导一臂之力。但是，在这种情况下，因为你同客户也是旧相识，因此，不要过多地同领导联系，以求占得上风。因为这样会使对方提高警觉，产生戒备心理，对双方的相互沟通无益。况且，有领导在场，你也大可不必过多地参与商谈的主要内容，领导心中自然是有数的。

怎样成功说服老板为自己加薪

谋职是为了求生，每个人都希望生活得更好，薪水更多，职位更高，工作环境更宽松。大多数人都不会只满足于现状，常常会向上司提出这样那样的要求。我们向上司提出要求时，一是不要提过高或不切实际的要求，二是当我们向上司提要求时，言辞一定要慎重，应该少用这样的话："我应该得到那个职位"，"我要到有空调的房间办公"，"我提的要求，请一定要帮我办"，等等，你如果在上司面前这样说话，给人的感觉你不是在提要求，而是在下命令，威胁你的上司要按照你的意思办，这样做的结果往往会事与愿违。

向上司提出要求时，你应当语气平和，面带微笑地陈述你的主要理由。然后再委婉地提出你的要求，尽量多用征询的话。

给上司提要求一般都绕不开加薪的话题。

事业顺利就意味着加薪和升职，然而这两个内容都比较麻烦，也是棘手的问题。许多人并非表现不好或没有工作能力，他们只是不善于表现自己。如今的企业老板因公务缠身，不可能每时每刻都留意你的表现，作为员工，有必要主动、适时地表现自己，只有这样才能达到自己的预期目标。当然，每个人的表达方式都会不同，关键的一点是有技巧地表现自己。

加薪是岳华渴望已久的事情。论起资历，他在厂里一干就是4年，自认工作态度还行，也没有犯过什么过错，可是老板根本没有给他加薪的意思。岳华觉得自身价值得不到体现，心里很烦闷，他也曾多次在工作总结会上暗示过老板，但老板对此也没有丝毫反应。若明确地向老板提出这个要求，岳华又觉得不好意思，怕遭到拒绝，但是不说的话又不甘心，最后他还是鼓起勇气，委婉地向老板说明了自己的意思。出乎意料的是，老板在观察了他几周后果然为岳华加了薪，事情就这么简单。岳华认为，只要是属于自己的正当权益，就应该努力去争取。

当然向老板提出加薪，也要讲究技巧。岳华之所以不敢贸然提出加薪，也与他的朋友李浩要求老板加薪的失败有关。

李浩认为他的这个经历比较惨痛。李浩曾经在一家公司工作快3年了，对自己的工作熟悉到不能再熟悉的程度，而老板一直没有给李浩加薪的意思。年轻的李浩一时冲动，就以熟悉业务为谈判条件向老板提出调动职位，其实是想迫使老板为他加薪。李浩后来对岳华讲，自己当时的举动是非常错误的。结果是薪水没有加成还弄了个不欢而散。此后，李浩与老板的关系大不如前，最后不得不离开那家公司。

如以商量、倾诉的语气向老板陈述自己的意图，老板会非常注意聆听，并且询问你工作上遇到的问题，最终可能会为你加了薪水。

其实，老板和员工的关系是平等的。只要你认为加薪是合理的，你就有权提出。但你必须注意说话的方式，最好是巧妙地、有技巧地把自己的意图传达给老板，就算万一不被老板接纳，也不至于让双方陷入尴尬的局面，以致影响日后的相处。

身在职场，我们都对加薪怀有浓厚的兴趣。那么怎样要求加薪且能如愿呢?

在要求加薪之前往往要准备很长一段时间。根据一位成功的管理者总结，为加薪做准备需要实施 5 个重要步骤。

1. 成为你所从事领域的权威

首先，了解你的工作，并保持对它的了解，不断进步。假如赶不上你所从事职业的发展，就不会有提升的机会。但同时，不要自大地认为自己是不可或缺的，因为根本没有这种人。

2. 同你的老板建立真诚的工作关系

任何老板都不会给他不喜欢的人加薪或晋级。一般来说，老板都喜欢衷心赞美他并让他感到自己价值的那些人。精明的雇员都盛赞老板并向老板表现这种赞赏。但赞赏不等于阿谀奉承。称赞一个人最好的方法是称赞他的业绩而不是赞美他本人。

3. 表现自己

那种认为只要工作做得好，就自然会得到提升和加薪的想法是错误的。你必须让自己受到注意。

通常情况是，你的老板认识不到你是多么优秀，让他了解这一点——不要引起反感，不要显出骄横——在办公室里、工作餐上、办公聚会或其他社交场合。

千方百计让你的名字在上司的脑海中扎根。最好的广告正是这样做的。正像一位总经理说的："广告最重要的就是重复。不断地重复才可树立形象。我们不介意人们是否准确记住我们对某种产品所做的介绍。我们只希望大家能记住产品的名称，那就足够了。"

4. 让上级时刻掌握你的动态

不要让他们经常来查你，要让他们不必常来检查就可了解你的任务正在按计划正常执行。这就说明你是可靠的，可以完成工作。

5. **振作精神准备加薪谈判**

不要迟疑或是低估自己。我们把价值看作成本。你对公司的价值和你所拿工资有直接联系。

告诉你的老板给你加薪后他会得到哪些好处。他将得到的最大好处就是能得到你宝贵的帮助。但发出最后通牒之前，一定要找到其他工作。

此外要注意的是，想要得到加薪，还必须选择适当的时机。一般要避开周一和周五。周一会有很多使工作重新入轨的具体事情。等到了周五，人们又会以最快的速度清理办公桌，准备去度周末。让老板加薪最好的时机是你刚刚出色地完成一项非常困难的任务，老板也肯定了你的工作成绩以后。

遭遇批评后如何巧妙辩驳

被上级批评或指责，虽然应该诚恳而虚心地听取，但并非说你一定要忍气吞声，不管他说得对不对都要一股脑儿接受，必要时应该勇于辩护，并且要做积极的辩护。

晋文公一次用餐时，厨官让人献上烤肉，肉上却缠着头发。文公叫来厨官，大声责骂他说："你存心想让我噎死吗？为什么用头发缠着烤肉？"

厨官叩着响头，拜了两拜，装着认罪，说："小臣有死罪三条：我找来细磨刀石磨刀，刀磨得像宝刀那样锋利，切肉肉就断了，可是粘在肉上的头发却没切断，这是小臣的一条罪状；拿木棍穿上肉块却没有发现头发，这是小臣的第二条罪状；捧着炽热的炉子，炭火都烧得通红，烤肉烘熟了，可是头发竟没烧焦，这是小臣的第三条罪状。君王的厅堂里莫非有怀恨小臣的侍臣吗？"

文公说："你讲得有道理。"就叫来厅堂外的侍臣责问，果然有人想诬陷厨官，文公就将此人杀了。

这明显是个冤案，如果正面辩解，有可能使晋文公火上浇油，怒气更盛而获死罪。因此，厨官采取正意反说的方式为自己辩解。他装着认罪的态度供认了三条罪状，其实是为了澄清事实：切肉的刀如此锋利，肉切碎了而头发居然还绕在上面；肉放在火上烤，肉烤焦了而毛发犹存，这明显不合乎事理。至此，厨官已证明自己无罪，同时提醒晋文公，是否有人陷害自己？厨官的辩解顺其意，却能揭其诬，可谓灵活机巧。

有些人面临麻烦的事常用辩护来逃避责任，这就走到另一个极端了。这种推卸责任的辩护，偶一为之，无伤大雅，尚可原谅，倘一犯再犯，肯定会失去别人对你的信任。

有时候，做错了事责任不会在下级，大部分却是由于上级的缘故，这时应大胆辩解。不辩解，只能使上级对你的印象更加恶化，而丝毫不会考虑到也有自己的责任。

所以，工作中，同事之间，尤其是下级与上级之间，由于地位不同而发生意见相左的情况时，不要害怕会被认为是顶撞，应积极地说明理由，沉默不语只能使问题更加复杂而难以化解。

辩解的困难点在于双方都意气用事，头脑失去了冷静。所以过于紧张和自责，反而会使场面更僵。因此越到这类棘手的对立状态时，更应该积极辩明，明确责任。其要点大概有以下几点：

（1）不要畏惧。不必害怕声色俱厉的上级，越是嚷得凶的上级，往往心越软。

（2）把握时机。寻找一个恰当的机会进行辩解也很重要。辩明应该越早越好。辩明越早，则越容易采取补救措施。否则，因为害怕上级责骂而迟迟不说明，越拖越误事，上级会更生气。

（3）对错误已经有了足够的认识。

（4）辩护时别忘了站在对方的立场上讲话。上级责备下级，当然是出于自己的观点。如果下级不了解这一点，一味认为自己受了冤枉，因此站在本身的立场上拼命替自己辩解，这样只能越辩越使上级生气。应该把眼光放高一点，站在对方的立场上来解释这件事，则容易被接受。

（5）辩解时不管是何种情况，都不要加上“你居然这么说……”。任何人都有保护自己的本能，做错事或和旁人意见相左时，便会积极地说明经过、背景、原因等。但在上级看来，这种人顽固不化，只是找理由为自己辩护罢了。

（6）道歉时不要再加上“但是……”。千万不要说“虽然那样……但是……”这种道歉的话，让人听起来觉得你好像是在强词夺理，无理争三分。道歉时，只要说“对不起”，不必再加上“但是……”，如果面对的是性格坦率的上级，或许就可以化解彼此的距离。当然该说明的时候仍要有勇气据理力争，好让上级了解自己的立场。

保持谦虚低调的说话风格

有些人很自豪于自己的说理能力，很擅长在自己的谈话之中运用三段论法及辩证法，自以为所说的话是井然有序而且没有破绽的。

刚进职场的年轻人，纯真、热情，有正义感，就像初生牛犊不怕虎似的，面对单位里的一些“黑暗”现象，总是忍不住“拍案而起”，慷慨陈词。但是，他们的好心之言，往往会受到领导的误会，这些刚进职场的新人因此而受到领导有意无意的冷落，甚或是打击报复。

毕业后，张先生在出版社当了一名助理编辑，他文笔不错，学习意愿高，因此进出版社才5个月，就把与出版有关的事务摸得一清二楚。

有一次，社长召集大家开会，轮到张先生报告时，他提出印刷品质不好及成本管理的问题，并说假如能降低3%的成本，每个月就能省下20~30万元，最后，还说那家印刷厂是印刷费用收得最高的一家。

社长对他的报告没有发表任何意见，但从这一天开始，张先生开始感受到负责印务的经理对他的不友善。

8个月后，张先生离开了这家出版社。

任何人都不喜欢被批评检讨，尤其是在公众场合。因为一则有伤自尊，一则任何批评检讨都会引起旁人的联想与断章取义的误解，总之，是带有伤害性的一件事。张先生的批评狠狠地踢了印务部门一脚，印务部门的管理人不记在心里才怪呢！

身为领导阶层，很多人身上都有一个混杂着优点与缺点的自我，这种自我需要满足，并且不容他人侵犯。因此，有些领导可以笑纳99句赞美，却不能接受冒犯到他自我的一句话，因为当领导的即使再开明，他也是需要一点架子的。

领导有很多种，有些人心口如一，宽宏大量；有些人心口不一，嘴巴说得很漂亮，心里完全不那么想。因此当某些领导要求职员提“建议”，有的人是真心的，有的人却只是故作姿态，因为他要符合大家对老板的角色期待，所以他必须塑造“开明形象”，免得手下对他产生排斥。

新来的经理第一次主持会议，他很诚恳地要求大家以后多提“建议”，并且说：“如果发现缺点，也欢迎大家告诉我。”

现场鸦雀无声，没人说话。第二次会议，经理再次重复那些话，才到职两个月的毛涛终于站起来提了一些工作上的建议，经理当场表示“嘉许”。他的行为有了示范的作用，有好几位同事相继发言。

在以后的日子里，毛涛每遇会议，必不放过提建议的机会，除了工作上的建议之外，也针对经理个人的言行有中肯而且诚恳的建议。

大家都认为，毛涛一定不久就会升官，谁知却被调到一个闲差上，从此再也没有机会在开会时提建议了。

毫无疑问，毛涛之所以被莫名其妙地调离原职，其原因肯定与他常“指教”领导有关。

古人先贤教导我们要“谦虚为怀”，也许这不仅是自身风度的一种体现，也是一种自我保护的必要。谦虚低调能避免遭人嫉妒。

汇报工作要有章法

作为上司来说，判断下属是否尊重他的一个重要的因素，就是下属是否经常向他请示汇报工作。心胸宽广的上司对于下属懒于或因忽视而很少向其汇报工作也许不太计较，甚至会好心地认为也许是下属工作太忙，没有时间汇报；也许是认为本来就是他们职责内的事，没必要汇报；或者是这段时间自己心情不好，他们不敢来汇报，等等。但对于怀疑型的上司来说，如果出现这种情况，他就会做出各种猜测：下属是否在这段时间内偷懒，没有完成工作；下属是不是根本就没把他这个领导放在眼里，等等。对于这种上司，下属应该勤于汇报工作，哪怕你只是完成了整个工作的一小部分。如果不经常请示汇报工作，还会埋没你的成绩。经常请示汇报工作，让上司知道你干了什么、效果如何，这样还可以显示出你对他的尊重。如果遇到困难和麻烦，上司还可在人力物力上支持你，比你闷着头干要强上千百倍。

突出中心，抛出“王牌”

泛泛而谈、毫无重点的汇报显得很肤浅。通常，汇报者可把自己较为熟悉的情况的某个方面作为突破口，抓住工作过程和典型事例加以分析、总结。汇报中的这张“王牌”最能反映出你工作的质量。

市建材公司的冯涛从一个用户那里考察回来后，敲了经理办公室的门。

“情况怎样?”经理劈头就朝冯涛问道。

冯涛坐定后，并不急于回答经理的问话，而是显得有些心事重重的样子。因为他十分了解经理的脾气，如果直接将不利的情况汇报给他，经理肯定会不高兴，搞不好还会认为自己没尽力去办。

经理见冯涛的样子，已经猜出了肯定是对公司不利的情况，于是改用了另一种方式问道：“情况糟到什么程度，有没有挽救的可能？”

“有！”这回冯涛回答得倒是十分干脆。

“那谈谈你的看法吧！”

冯涛这才把他考察到的情况汇报给经理：“我这次下去了解到，这个客户之所以不用我们厂的产品，主要是因为他们已经答应从另一个乡镇建材厂进货。”

“竟有这样的事！那你怎么看呢？”

“我想是这样的，我们公司的产品应该比乡镇企业的产品有优势，我们的产品不但质量好，而且价格还很公道，在该省已经具有了一定的知名度。”

“就是，一个小小的乡镇企业怎么能和我们相比呢？”经理打断了冯涛的汇报。

“所以说，我们肯定能变不利为有利。最重要的是，当地的建筑公司，多年来使用我们公司的建材，与我们有很好的合作基础，这是我们的优势所在。但该客户答应与那个乡镇企业订货，主要是因为那个乡镇企业距离他们较近，而且可以送货上门。这一点，我们不如那家乡镇企业，我们可以直接到每个乡镇去走访，在每个乡镇找一个代理商，这样问题就解决了。”

“小冯，你想得真周到，不但找到了症结所在，还想出了解决的办法，要是公司里的员工都像你这样有责任心就好了。”

“经理过奖了，为公司分忧是我的责任。经理您工作忙，我就不打扰您了。”

不久，冯涛被调到了销售科，专门从事产品营销，公司的建材销量节节上升，冯涛也越来越受到重视，很快成了公司的业务骨干。

不要遗漏重点

如何判断什么是重点呢？当上级交代你去完成一件工作时，这项工作的结果对上级来说一定会有它的用途。例如，上级请你去对外洽谈年终总结会的开会场所，此时上级要根据场地能否租得到来决定开会的日期，因此，报告的重点将是有哪些适合的场地，在什么日期能租借到及费用各是多少，等等。

汇报工作要讲究一定的逻辑层次，不可“眉毛胡子一把抓”，讲到哪儿算到哪儿。一般来说，汇报要抓住一条线，即围绕工作的整体思路和中心展开一个面，分头叙述相关工作的措施、关键环节、遇到的问题、处置结果、收到的成效等内容。

作为汇报，提纲挈领是根本原则。英国作家卡普林提出了“5WlH”的汇报要点。所谓“5WlH”是指：

Who——何人（人）

When——何时（时间、时期）

Where——何地（场所、位置）

What——何事（对象、内容）

Why——何因（目的、理由）

How——怎样发生的（方法、顺序）

还有一个是后人加上去的：

How much——多少钱（经费、价格）

此外，报告时一定要注意区别事实与自己的感觉，你工作时，上级并没有亲临其境，他无法辨别你描述的是事实还是你自己的主观感受。事实和观感是有差别的，若给上级错误的诱导，让他下达了错误的指示，这个责任应该归咎于报告者。

所以，优秀的职员愈是能了解上级要把工作结果用在哪里，就将愈能把握住报告的重点，更简单地说，上级的关心点就是你报告的重点。

提出多项建议，让上司自己作出决定

提建议时要记住，要让上司自己作出决定。让上级在多项建议中作出选择，会使上级感到非常舒服，是一种高明的提建议技巧。

对在国外出生的学究式人物亨利·基辛格来说，他在美国政府中的生涯可谓壮丽辉煌。他第一次崭露头角引起国民注意是作为当时的纽约州州长纳尔逊·洛克菲勒的外交政策顾问，洛克菲勒竭力向尼克松推荐基辛格，终使基辛格后来成了美国的国务卿。继尼克松之后，杰拉尔德·福特接任总统，他上任后办理的第一件事就是再次任命基辛格为国务卿。还有罗纳德·里根，虽然他被迫向极右支持者们许下诺言，他将不会任命基辛格为国务卿，然而他经常要求得到基辛格的帮助。

与总统或将成为总统的人打交道，基辛格喜欢用的手段之一就是让他们自己作出各种选择。至少在重要问题上，他努力向他们提供许多可能性以供他们选择，而不是提出一个特定的政策或是特定的行动方针。

基辛格总是精心地列举各种可能性。他列出每个可行的方案，并且认真地写下它们所有的优点和缺点，但他绝对禁止自己只推荐其中的任何一个。

从上级管理的角度来看，这种方法的优点是显而易见的。当然，这种方法不只局限于广阔的和充满异国情调的外交活动场所，在处理相当细微的琐事的时候，也可以有效地使用它。

假设你正在为一家小公司处理雇员关系。这家公司接受了大量的订货任务，为了完成任务，公司实际上已增加了劳动力，因而，曾一度宽敞的公司停车场地现已变得拥挤不堪。雇员们为了有限的停车场地开始激烈地争夺，而且所用言语十分恶毒，甚至两个雇员为争夺停车场地发生口角，导致动手打架。

你觉得这个问题应当引起上级的重视，因为你所能想到的任何一个解决方法，都超出了你的职责范围。但你要列出一些可供选择的方案，而不是把这件事情往上级身上一推了事；或者提出一个拟定好的方法劝他采纳。这些可供选择的方案大致包括：扩大停车场；租车接送工人；停车收费并把这项盈利作为雇员的娱乐基金；组织汽车联营，等等。所有这些方案各有利弊，拟订方案时，你要仔细但简要地说明这些利弊。当你希望这个问题能引起上级注意的时候，就可以提交这个方案。

这样做时你也要考虑一下它的不利因素。显而易见，这会花费你一些时间和精力。有些问题根本不值得花费那么大的力气，还有些问题只能提供一个可行方案。而且，下属总倾向于罗列他自己喜欢的方案，上级感觉到这一点时，就会失去对下属的信任。

尽管有这些潜在的缺点，这种方法仍有其真正的魅力。它让上级就问题作出最后的决策，从而使其发挥作为上级应起的作用。而且很清楚，这种方法能促使下属全面、深入地思考问题。这样的结果对上下级都是有利的。

无事也要多请教

日常工作中与人交往时，“闭嘴”可使你得到好处，有时可以帮你免掉自讨苦吃之虞，有时还可以帮助你成功地做上一笔好买卖。

小李和小陆是同一所名牌大学的毕业生，他们的成绩都很优秀。两人分配到同一家单位。一年以后，小陆被提升为部门主管，小李则被调到公司下属的一家机构，职位没有实权，地位明升暗降。为什么呢？

他们分配到该单位后，领导各交给他们一件工作，并交代他们可以全权处理。

小李接到任务后，做了精心的准备，方案也设计得十分到位。他一心投入工作，全然不记得要向领导请示一下。领导是开明的，既然说过让他全权处理，自然也不干涉，但也没有和下面人交代什么。等到小李把自己的计划付之于实践时，各部门人员见他是新来的，免不了有些怠慢，小李心直口快，与一个人顶了起来，这可惹了麻烦，因为这人正是公司总经理的亲信。后果可想而知，他的工作处处受阻，最后计划中途“流产”。

小陆接到任务后，经过周密分析调查，提出了若干方案给领导看，又向领导逐条分析利弊，最后向领导请教用哪个方案。这时，领导对他的分析已经信服了，当然采取了他所推荐的那个方案。这时他又问领导如何具体实施。领导说：你自己放手干吧，年轻人比我们有干劲。小陆连忙说，自己刚来，一切都不熟悉，还得多听领导的意见。因为小陆的态度谦恭，意见又到位，领导很满意，当即给几个部门的主管打电话，让他们大力协助小陆的工作。因为有了领导的交代，小陆在实施自己的方案时又时时注意与各部门人员的协调，所以他的工作完成得又快又好。

孔子教导我们要“不耻下问”，按这种道理说，“上问”就更是理所当然了。领导也许学历不如你，某些方面的能力也许不见得很强，但是他能成为领导，自然有他的长处，多向他请教不但能提高自己的能力，有助于做好工作，还能给领导留下良好的印象。一举两得，何乐而不为呢？

有人因为害羞而不敢向领导请教，有人因为自傲而不愿向领导请教，有人害怕向领导请教会显得自己没水平……其实大可不必顾虑这些。多思勤问的人总会得到领导的重视的：一是，你的提问显出你对工作的热情和思考；二是，你的提问显出你的谦虚和诚恳。这样的人谁会不喜欢呢？

你是不是常常向上司询问有关工作的事？或者是自己的问题，有没有跟上司一起商量呢？

如果没有，从今天起，你就应该做出改变，尽量地发问。一个不成熟的部下向成熟的上司请教，这并不可耻，而且是理所当然的。即使你并不是不懂，也要“问”，从而可以满足上司好为人师的心理。千万不要想：“我这样问，领导会不会笑我，我是不是丢了脸？”如果你这样想，那就是多虑了。

有心的上司都很希望他的部下来询问，部下来询问，就表示他在工作上有了不明之处，而上司予以回答，就能减少错误。

如果你假装什么都懂，一切事都不问，上司会觉得“这个人恐怕不是真懂”，会对你的能力表示怀疑。

除了金钱以外，任何事情都可以问，诸如工作上的难题、家中的困扰、男女感情的苦恼，都可以跟上司谈谈。

作为上司，他们必定很喜欢能敞开胸怀，有事和自己商量的部下。

第十二章 商战推销术

推销时的说话艺术

作为一个推销员，最大的问题就是无论他怎么努力，对方都仍然无动于衷。而一个出色的推销员却能够掌握推销时的说话艺术，从而使推销变得很简单。任何一个推销员都渴望拥有这样高超的说话艺术。

遗憾的是，这种说话艺术并不是轻易就能得来的。一个很有说服力的事实是，在商业活动中，成功的毕竟只是少数，大多数推销员都还在苦苦地奋斗。

以下介绍推销时可以用到的几种重要的说话艺术，其中有一些是前面已经提到过的。

迎合对方的兴趣

最重要的一点其实不是你的产品有多么出色，而是对方对你和你的产品的认同。一般来说，这种认同跟他的兴趣是相符合的——只有这一点才是最重要的。

柯达公司的总经理伊斯曼先生为了纪念自己的母亲，准备建造“吉尔本剧院”。纽约优美座椅公司的经理艾当森想要得到剧院座椅的订单，于是跟剧场的建筑师约特一起去见伊斯曼先生。

在路上，约特对艾当森说：“我知道你很想得到这个订单，但是伊斯曼先生很忙，脾气也不好，这次会面最好不要超过5分钟，否则你就一定得不到这个订单。你最好尽快说明情况，然后迅速离开。”

伊斯曼先生确实很忙，当他们走进他的办公室的时候，他正在埋头整理文件。他摘下眼镜点头示意，并且问道：“两位有何贵干？”

约特介绍了艾当森。艾当森并不急于说明自己的来意，而是说：“伊斯曼先生，我没有想到你的办公室这么漂亮。能够拥有一间这样的办公室，是一件多么美妙的事情啊！说实话，我从未见过这么漂亮的办公室。”他走到办公桌的旁边，问道：“这个办公桌一定是用英国橡木做的，如果我没有猜错的话。”

“是的，”伊斯曼回答道，“是从英国进口的，我的一位研究木材的朋友帮我选的。”

接着，艾当森又称赞了伊斯曼先生的许多收藏品，并且对他的善举表示了由衷的赞美。艾当森引导着伊斯曼说出了自己早年的创业史。

伊斯曼深情地回忆起他早年的贫穷日子，包括他为了赚50美分而去做推销业务。他说道，当时他拼命地赚钱，就是为了让和自己一起受苦的母亲过上好日子。

时间一分一秒地过去，很快就超过了两个小时，但是伊斯曼先生却谈兴正浓。到了午餐的时间了，伊斯曼先生邀请艾当森一起进餐，艾当森当然答应了。

艾当森一直没有提订单的事情。他知道，对伊斯曼来说，这件事情现在已经变得不值一提，因为他已经把艾当森当作朋友了。后来，等艾当森打算告辞的时候，伊斯曼主动提出要向艾当森公司下订单。

可以看出，艾当森看起来好像并没有在说服伊斯曼上费多大劲儿，但是他用适当的话题使谈话以一种平和、愉快的气氛朝对他有利的方向发展，并在最后达到了自己的目的——这是必然的。

假如艾当森没有采用这种方法，而是一直对伊斯曼进行说服，可以想象，不出 5 分钟，他就不得不离开伊斯曼的办公室。

迎合对方的兴趣的确很重要，因为这种方法可以拉近你和客户之间的关系，建立相互之间的信任。众所周知，在与陌生人的交往中，这一点是极为重要的。就像艾当森做的那样，原来显得十分困难的事情，最后却变得极为简单。

请别人帮个忙

每个人都希望被别人重视，不管他处在何种地位、有多么成功或失败。在推销商品的时候，请别人帮个忙，能够使别人得到一种被欣赏和受尊重的感觉，从而更加愿意购买你的产品。

爱莫塞尔负责推销铅管和暖气材料，他进入这个行业已经很多年了。这次，他在布洛克林地区推销的时候，遇到了一位难缠的客户。

这位铅管经销商只要一见到爱莫塞尔，就会冲他吼道：“滚，我什么都不需要！”

爱莫塞尔作为一个优秀的推销员，并没有被这种困难打倒，他依然坚持不懈地对这位客户进行推销。后来，他想出了一个好办法来解决这个难题，于是他又一次走进了那位经销商的办公室。

“我不是来推销产品的，”爱莫塞尔说道，“而是来请你帮个忙的。我们公司准备在这里成立一个分公司，而你正好对这个地方比较熟悉，你认为我们公司应该把分公司选在哪儿呢？”

这位喜欢吼叫的经销商一下子就变得非常友好了，滔滔不绝地跟爱莫塞尔聊开了。当离开的时候，爱莫塞尔已经用这种方式赢得了这位经销商的友谊，并且得到了一个不小的订单。

适当地否定你的产品

很多推销员急于把自己的产品推销出去，大多用的都是肯定性的语气。他们在无形之中给人的印象是，自己的产品适合所有人，已经没有缺点。

事实当然并非如此。即使你把自己的产品说得天花乱坠，也无法打消顾客的疑虑。你的产品真的很完美、无懈可击吗？可是人人都知道这是不可能的。他们需要知道关于这种产品的一些不好的信息，否则会认为你正在隐瞒什么。

因此，你应该适当地给对方介绍一点儿你产品的缺点，说明它并不是完美的。你应该知道，你现在的推销只是针对这位客户而已，并不需要把自己的产品说成适合每个人。

“这种产品并不适合那些油性皮肤的人，但是非常适合你。”这样来介绍你的美容产品，对方当然会更加相信你说的话，而这是帮助你建立诚信的一个很好的机会。

避免与对方争论

在你推销的过程中，即使对方做了一件事情或者说了一句话而冒犯了你，你也不要和他争论。对推销员来说，这可能算是一个最好的建议了。因为一旦你与对方发生了争论，就说明你的推销已经彻底失败。

一个叫奥哈尔的爱尔兰人，因为自己的业务表现并不理想，就来参加卡耐基的补习班。他就是那种说自己公司的汽车什么都好的推销员，即使他明明知道有很多缺点。他在推销汽车的时候，常因不愿接受顾客的批评而和顾客发生口角，而顾客通常会因为这样而不买他的汽车。

一开始，卡耐基并未教奥哈尔如何说话，而是训练他如何减少讲话和避免跟人争论。经过一段时间的训练，奥哈尔成了纽约福特公司的一名成功的推销员。

奥哈尔回忆说："现在，我走进人家的办公室进行推销，但人家却这么说：'什么，福特汽车？那太差劲了，就是送给我我也不要。我正打算买胡雪公司的卡车。'我听到他说这样的话，不但不反对，还会顺着他的话继续往下说：'老兄，你说得一点都不错。胡雪公司的卡车确实相当不错。你买他们的卡车，相信你不会后悔的。胡雪公司是大公司，他们的推销员也都非常能干。'我这么说了，他就不会再继续称赞胡雪公司的汽车了，因此便不会发生争论。他说胡雪公司的卡车很好，我并没有反对，他就不得不把话停住了。这样，我就得到‘一个向他介绍福特牌汽车的机会’。

“而在过去，如果遇到这种情况的话，我就火冒三丈，并会向他指出胡雪公司的卡车质量是多么的不好。这样，就会激起顾客的逆反心理。争辩越是激烈，对方就越是会下定不买福特汽车的决心。即使我取得了辩论的胜利，也没有任何好处。现在想起来，我过去做推销确实很失败，由于这种无意义的争论，我失去了许多宝贵的时间和金钱。我很高兴现在自己终于学会了如何避免争论、如何少说话，这使我得到了许多好处。”

恰当的语言技巧

实际上，恰当的语言技巧并不需要单独列出来，因为在所有的说话当中，都需要注意运用语言技巧。

很多推销员在推销的时候兴致不高，这直接导致了他们的失败。他们的话显得平淡无奇，对顾客没有足够的吸引力，甚至会使顾客产生反感。这里指的是声音的语调、语速以及其他声音元素。

而在需要有技巧地表达自己的意见的时候，他们也并不能让人满意。他们喜欢直来直去，而不喜欢运用语言的技巧。老实说，虽然职业要求他们更加能说会道，但是事实上却并非如此。因此，对这些没有运用语言表达技巧的推销员的忠告是：完善自己的语言表达技巧，这是你成功的一个重要因素。

推销中的应变技巧

最令人欣赏的是那种随时都能成功推销的推销员，他们的能力常常让人感到吃惊。在推销的过程中，即使遇到问题，他们也会机智而妥善地进行处理。正是这种能力决定了一个推销员能否成功。

机智有时候更多的是一种智力因素，对此我们无能为力，不得不承认有些推销员是天才，而自己却无法变成跟他们一样。但是，对大部分的推销员来说，重要的可能不是智力因素，而是方法问题。

前面已经谈过应变能力的重要性，并且提供了一些基本的方法。这里我们来讨论如何在推销中运用这些技巧。

细心观察

很多推销员在推销的时候，依照自己预先设想的推销办法照本宣科，根本不顾对方的感受。他们好像在对着墙壁发表演讲一样。

在推销的过程中，必须随时注意顾客的言行，并且要读懂各种言行的“隐语”。你必须首先了解这些“隐语”，才能采取必要的措施。

变换角色

把对方的重点转移到自己的身上。这种转移法的作用在于分散对方的注意力，使对方关注的焦点发生转变。

约翰决定再次走进亨利的办公室，希望能够说服对方购买自己公司的汽车。在此之前，他已经试过一次了，但是却遭到了失败。当他走进亨利的办公室的时候，亨利对他吼道：“你又来做什么呢？我已经说过我不会买你们公司的汽车的。”

约翰没有想到亨利会这么毫不客气地拒绝自己，这使得他格外吃惊，但是他马上就反应过来了，并对亨利说：“我并不是来向你推销汽车的。我只是听说你年轻的时候也曾经做过推销员，并且取得了很大的成功，所以我打算向你请教推销的技巧。”

亨利感到很惊讶，但是他显得很高兴。于是，他跟约翰谈起了他的一些经验和看法，直到约翰起身离开的时候才结束。

最后，亨利对约翰说："你们公司的汽车质量的确很好。你下次过来的时候，请把一些汽车的资料给我带过来吧，我想看看。"

顺水推舟

在推销的时候利用发生的意外事件因势利导，往往会收到意想不到的效果。

一个推销员正在向顾客推销钢化酒杯。开始，他向大家介绍了产品的特点，然后他打算进行一次演示：通过把钢化酒杯扔在水泥地板上却不碎，来说明这种酒杯和一般杯子的区别。不幸的是，他恰好拿了一个质量不合格的酒杯，当他把它扔在地上的时候，杯子一下子就摔碎了。这种情况他以前从未遇到过，完全出乎他的意料。那些顾客则开始交头接耳，讨论起酒杯的质量来。

"你们看，"不一会儿，这位聪明的推销员就恢复了镇定，并说道，"我是不会将这种酒杯卖给大家的。"

接着，推销员又扔了五六个酒杯，结果一个都没有碎。这样，推销员又成功地博得了顾客的信任。

化不利为有利

在一般的情况下，话题都有各自的内涵，但是有时候却变得很模糊。这时，我们可以利用话题的模糊性，为自己的推销找到出路。顾客有时候评论推销员的产品有某种致命性的缺点，而这种缺点可能会影响他的选择，所以推销员必须想办法找出话题的模糊性，重新定义这个缺点。

一位推销员在推销衣服的时候，顾客评论道："质量的确不错，但是样式可能老了点。”推销员接口道：“的确如此，不过很多顾客都喜欢这种经典的样式，不知道你是否喜欢？”这样，他巧妙地把不利的因素变成了有利的因素。

转移话题

不坚持到最后，就决不放弃——保持这样一种信念，对你的推销事业会有很大的好处。要知道，很多失败的推销者并不是没有成功的可能，而是因为他们没有尽到自己的努力而已。

比如，无论顾客以什么样的理由拒绝买你的产品，你都可以巧妙地转移话题。你应该控制好话题，使它朝对你有利的方向发展，而不要只停留在一条道路上，或只朝一个方向前进。毕竟，条条大路通罗马。

在转移话题的时候应该注意一定的技巧。你当然不能使自己看起来是在故意这么做，而应该自然地做到这一点。

用提问引起客户的兴趣

在推销过程中，那些成功的推销人士都喜欢用提问的方法来让客户购买自己的产品。

他们深信这样一个道理：懂得发问的人能掌握全局。有些推销员在他的对话中自始至终都穿插提问，从而牢牢地掌握了推销的主动权。

提问对推销来说的确很重要，但是以下要重点讨论的是，如何用提问来引起客户的兴趣。

我们总是从头开始做一件事情的。虽然这是一个常识，但是人们却常常忘了这一点。很多推销员总喜欢在客户面前喋喋不休，他们生怕遗漏了自己所做推销计划的任何一个细节。然而，他们很显然地忽视了一个问题，即他们的顾客可能对他们所说的东西毫无兴趣，或者他们发现了这一点，但是却无能为力。

结果是，通常情况下，还没有等他们把自己的话说完，客户早已不耐烦地把他们赶了出去。事实上，他们一开始就做错了。

只有在一开始就吸引住客户的兴趣，才能进行接下来的工作，否则还是不要继续的好。有一个十分简单的方法可以吸引客户的兴趣，那就是向你的客户提出一个他感兴趣的问题。发问有助于你和客户之间建立相互信任的关系，并且使他们对产品产生浓厚的兴趣。

具体来说，一个恰当的问题对吸引客户兴趣的作用主要表现在以下方面：

告诉对方他正受到重视。当你问了对方一个问题，这表明你很关心他；同时告诉了对方，这次推销的关键不在推销员，不在产品的好坏，而在客户自己。

让谈话更加自然。以问答的形式进行谈话，绝对比事先准备的推销计划更加自然。在一般人的眼中，推销员是一些奸诈的、唯利是图的小人。通过对客户的关心，你可以把你的诚信展现出来。我们知道，客户对我们印象的转变将使我们和客户之间的关系更加密切，也更加有利于客户在一个自然的氛围中下定购买的决心。

如何让自己掌握提问的技巧，从而引起顾客的兴趣呢？

针对客户的需求

这里指的是提问的内容以及目的。你提问题是为了了解客户的需求，而你提问题的前提也是了解他的需求。也就是说，你可以根据已经掌握的信息，通过提问来了解更多的信息。

具体说来，你可以根据已有的信息设计一些问题，比如知道他喜欢打高尔夫，你就可以进一步了解他为什么喜欢打、什么时候打以及和谁打之类的问题。

你要真正关心你的客户，了解他的需求并尽量想办法满足他的需求，这样他才愿意满足你的需求。

问与产品有关的问题

最好使你的提问跟自己的产品结合起来。当然，这种结合不要过于明显，否则显得目的性太强，但是也不能问一些与你的推销无关的事情。比如，你想向他推销保险，却问他是否喜欢读书，这种问话并没有实际意义。

你应该知道客户并不希望进行时间太长的谈话，长时间的谈话会使客户感到厌烦、郁闷，从而拒绝购买你的产品。因此，你必须尽量压缩谈话时间，使你的问话具有更强的针对性。你应该在很短的时间里获得尽可能多的有效信息。

注意问题的表述

为了了解一个妇女的年龄，第一个汽车推销员问她："请问你的出生日期是……"这位推销员没有意识到她这样问引起了妇女的不满，因为这是个人隐私问题。

第二个推销员则比较小心地处理了这类敏感问题，他问道："这份汽车登记表需要你填上你的年龄等问题，一般人都喜欢填写大于自己实际年龄一岁的数字，你会怎么做呢?"结果妇女非常高兴地把自己的年龄告诉了他。

问题的表述方式要针对不同的人和场合而有所不同。重要的是要考虑到顾客的心理，千万不要对顾客产生伤害。否则，你所有的努力都将会是徒劳的。

不一定非要在开始的时候提问，你可以灵活地把握时机。你可以在一开始就提出问题，也可以在你们谈话进行一段时间之后再提出问题。

推销员的说服技巧

对推销员来说，价格因素是特别头疼的：顾客想要以最低的价格买到最好的产品，而公司却希望以最高的价格把最差的产品卖出去。当顾客说“这太贵了”的时候，一般的推销员都会告诉对方，这已经是公司能够给出的最低价格了，结果顾客总是摇摇头走开了。但是齐格勒似乎从未遇到过这种情况。

齐格勒曾经推销过一种不锈钢锅。这种锅非常结实，所有的顾客在听完他的介绍后，都认为这种锅的质量的确不错，但是他们也都认为它的价钱太高了。

“价钱太高了，”顾客通常会这么说，“比起一般的锅，它起码要贵 200 美元。”

“的确如此，”齐格勒说，“我们的锅比一般的锅都要贵。先生，你认为这种锅能够用多久呢？”

“它的质量的确不错，它应该是永久性的吧？”

“你确实想用 10 年、20 年、30 年或者更长吗？”

"我想它能够用那么久。"

"那么，"齐格勒说，"我们假设这种锅能够用10年，也就是说，相比一般的锅而言，它每年贵20美元。是这样吗?"

"的确如此。"

"那么平均到每个月呢?"

"如果是那样的话，那么就是每个月贵1美元75美分。"

"请问你太太一天做多少回饭呢?"

"一般情况下，两到三回。"

"一个月至少要做60回饭，是吗?这样一来就很清楚了——每顿饭你只不过多花了3美分而已。对质量如此好的锅而言，多花3美分应该不算是太多吧?"

"的确如此。"

我们看到，齐格勒的说服方法的确很有效，本来他的产品价钱高出一般锅很多，却被他非常巧妙地说成其实一点儿都不贵。在这种情况下，顾客是很容易被他打动的。

用事实说话

齐格勒在进行价格说服的时候，是根据事实一步步得出令人信服的结论的。推销员在进行说服的时候，也一定要做到这一点。要依靠产品本身和自己适当的逻辑来说明，让顾客接受你的观点。

我们在前面已经说过，对推销来说，首要的一点是与顾客建立一种信任关系。

任何情况下，都不要企图用诡辩和臆测来说服顾客。很多推销员都喜欢把自己的产品说得天花乱坠、跟实际情况相差很远，以至有时候连自己都未必相信自己所说的话，更不用说那些顾客了。不夸大其词、根据事实说话、以理服人，这才是说服顾客的正确的方法。

满足对方的需求

有经验的推销员一再告诫那些推销新手，不要对顾客说你的产品有多好，而要看你的产品能够满足对方什么需求。把你的产品的价格、质量、特色跟顾客的需求结合起来，这才是正确的推销方法。

只有你的产品能够满足顾客的需求，顾客才有可能听你讲下去，才有可能被你说服。

首先，满足顾客的心理需求时。在你推销的过程中，你应该对顾客始终保持应有的尊重，以顾客为中心，不断地对他进行赞美；在行为上对他很有礼貌，认真地倾听他的说话，这些都是满足他的心理需求的重要方法。其次，告诉顾客你的产品能够满足对方的某一种需求，并且针对这种结合点进行恰当的发挥，对方会很容易被你说服。

以情感人

推销是一种人与人之间的交流，因此，应该使你的推销具有十足的人情味。商业箴言“顾客就是上帝”，在某种程度上就反映了顾客和推销员之间存在的天然联系。这种联系除了是一种物质上的利益关系以外，还包括某种情感关系。

推销员应该对自己的产品充满信心，对推销工作充满热情，并在推销的过程中把自己热情、自信的一面展现出来。你应该用一种富有感染力的语言来说服对方。这种语言本身就具有一种说服作用，它能够表达除语言内容以外更多的内容。

显得很专业

必须让你的顾客认识到，就这件商品及与商品有关的诸多领域而言，你更有发言权，因而也更加可信；你是这个领域的专家，其他任何人，不管他的知识有多么丰富，也比不上你对这个领域的熟悉程度。你必须为自己建立一种权威的形象。如果你对自己的产品不熟悉，顾客很难相信你介绍的东西是正确的。当他们失去这种信任的时候，你再说什么都无济于事。

消除对方的疑虑

了解对方的恐惧或者疑惑，进行有针对性的说服。顾客之所以不买你的产品，多半是因为心存疑虑。

通过问话或者观察得到的信息来了解别人的疑虑。如果对方并没有说出来，你可以设想他可能存在的疑虑，并用确切无疑的证据消除对方的疑虑和担心。

如何进行电话推销

相对于当面推销来说，电话推销是一种更加省时、省力和直接的推销方式。随着科技的日益发达，可以想象，电话推销将越来越成为推销者十分热衷的推销方式。

现在就如何利用电话进行推销展开较为详细的说明。

准备工作

虽然电话推销十分重要，但是你还是不要对它寄予过高的期望。由于传统观念的影响，电话推销的任务应该是创造和有希望成交的推销对象的见面会谈的机会，它不能代替面对面的商谈，它的目标应是创造一个恰当的面谈机会。你绝不要妄想和对方在电话中谈成一笔业务。

和当面推销一样，你应该在电话推销前先做一个推销计划。最好的办法是在你手边的纸张上先列出几条，以免在对方接听电话后，你却由于紧张或者是兴奋而忘了自己的讲话内容。另外，你还应该准备好具体怎么说，而如果这是一次十分重要的推销，你甚至可以提前演练，让自己提早进入状态。

当然，你需要选好打电话的时间，尽量避开电话高峰和对方忙碌的时候。一般上午十点以后和下午都较为有利。如正值所找的人外出，可询问接听者是否有其他人可以商谈，或问清对方什么时候回来，以便以后再联系。

直接跟关键人物通电话

拨通电话后，你可以直接要求和能够跟你谈生意的关键人物通话。不要问对方："我是否可以跟你们公司的经理通电话？"对方多半会说："他没空，你有什么事？"不妨直接告诉他："我找你们公司的经理。"这样，对方一般情况下只能听从你的"命令"。

把握最初时间

一般来说，开始同对方通话的时间对推销员来说是最重要的。如果你不能在尽可能短的时间内吸引对方的注意力，那么他一定会认为自己没有必要跟你再谈下去了。

因此，你必须想方设法在一开始就吸引他的注意力，使对方非常乐意继续听你说下去。在此之前，你应该思考对方可能对什么比较感兴趣、什么样的语言风格比较适合他等等问题。

礼貌的态度

讲话应热情和有礼貌。热情的讲话容易感染对方；而你的礼貌，同样会使你得到有礼貌的正面回答。

不论你之前是否跟对方联系过，你都应该先问好，表明你的身份。确认对方的身份后，再谈正事。在通话结束之前，应该向你的客户致谢。另外，一定要让顾客先挂断电话，以示对顾客的尊重。

语言措词

在语言措词方面，你应该注意的主要有两点：一是态度要真诚。千万不要夸大自己产品的优点，因为这样一来，当对方看到真实产品的时候，可能会改变主意，并进而怀疑你的诚信。二是在介绍自己产品的时候，一定要避免使用专业词汇。你应该用一种通俗易懂的语言来说明你的专业词语。

以介绍产品为主

一般来说，电话推销应以介绍产品信息、了解对方状况为主。你只有不刻意强调电话推销的目的性，才能更加容易得到和对方见面的机会。

比如，你可以询问对方是否有这种产品，如果对方已经购买的话，则问清楚其购买的产品的一些具体细节——这些东西你以后一定用得着——然后把自己产品的优势说出来。而如果对方回答没有购买这种产品，你就可以直接介绍自己的产品。

作好记录

一定要做好通话记录。对于电话中所谈的内容，你可以一边谈一边记录要点。这些资料一定会有助于你下一步的推销筹划，而且你也可借此建立顾客档案。

确定面谈时间。提供两个以上的方案或形式供对方选择，应尽量为对方考虑，但不明确的面谈时间容易被对方推脱。因此，较好的面谈时间应该是明确且有所选择的。

如何获得顾客的信任

你在推销的时候，需要获得顾客的信任。这跟演讲是一样的：如果你的听众信任你，那么他们就会相信你所说的话；如果不信任你，那么就不会相信你所说的话。可以说，信任与说话内容没有多少关系，却和顾客对推销员的印象联系十分紧密。而正是这样一种感觉影响了顾客的判断和决定。

赢得顾客的信任，这是你推销成功的第一步。如果你不能赢得顾客的信任，你所说的东西对顾客来说就会都是无关紧要的或者虚假的，那么你也就没有必要继续说下去了。这一点很好理解。假如你对一个陌生人和熟人说了一模一样的话，陌生人一般不会相信你说的话，而熟悉你的人则会相信——如果你是一个诚实的人的话。同样地，你肯定愿意相信大学教授的话，而不愿意相信一个骗子的话——即使这个骗子说了一句实话。

这些事实都让我们明白，如果想让顾客相信我们的话，就必须首先获得他的信任。那么，该如何获得顾客的信任呢？下面列出一些方法，希望对推销员有所帮助。

不要假设顾客相信你

一些推销员在遭到顾客的质疑或者指正之后，会觉得很不愉快。

这当然容易理解：当你被要求出示会员卡或者进出学校大门被要求出示学生证明的时候，你多少会有点儿不高兴。我们总是一厢情愿地认为自己应该并且已经得到了他人的信任。

即使有人向你表示了不信任，你也不要因此而生气。你想想，现在我们的电视上、报纸上，甚至大街上，到处都充满了虚假的信息和广告，如果人们对它们一律都相信，会多么糟糕？而当年《独立宣言》出现在报纸上的时候，人们也并非全部相信。

因此，永远不要假设顾客相信你，除非对方表明了这一点，否则就要尽你所能向对方证明你是值得被相信的。

告诉顾客，并非只是他一个人这么想，他的想法一点儿都不奇怪，然后以坦诚的态度去说服他，直到他相信为止。

以朋友的身份谈话

推销员应该避免板着面孔说话，不要把对陌生人推销看作是“公事公办”，不妨把它当作是朋友之间的友好的交谈。

以朋友的身份进行交谈意味着你的推销是一次建议，它既不是命令也不是请求——对推销来说，这两种方式都是不可取的。只有当你把对方当成朋友，对方才会也把你当作朋友来看待，并且不会用居高临下的姿态对待你。

以朋友的身份替对方着想，真心诚意地为顾客考虑，会使你收到意想不到的效果。因为只有这样，对方才能体会到朋友般的温暖，从而对你产生信任感。

直接指出缺点

前面已经说过了这种方法，实际上它真正的作用在于获取顾客的信任。

多年前，某广告公司在一个加长型香烟的广告中，就运用了这种方法来获取顾客的信任。他们在广告中直接指出了加长型香烟的种种缺点，如容易碰到别人的脸颊、携带不方便等，结果取得了很好的效果。

这种方法的作用在于，它以一种坦白缺点的方式来赢取人们的信任。当你告诉了顾客产品的缺点之后，他们会认为你比较客观，因此更加容易相信你所说的优点。

使用精确的数字

事实证明，精确数字的说服力远远大于笼统的数字。人们不会真正关心你的数字的来源，只是会得出一个结论，即那些数字如此精确，证明了它的确是经过了细致而客观的分析的。

象牙香皂的员工深知这个方法的奥妙。他们在宣传的时候，一直在强调一个事实：它们是99.44%的纯净度。

我们根本不会去在乎这个数字的真正意义，即使他们说它们是100%的纯净度，我们也不会去在乎什么，但是我们却认为这个精确的数字更加值得相信，进而认为他们的确值得信任。

让你本人值得信任

推销员们其实在很大程度上是在推销自己。顾客对产品的优点信任与否，在一定程度上取决于你和你所采取的方法。因此，你有必要通过改变自己的形象去赢得顾客对你个人的信任。

一个方法是使自己穿得像个成功人士。同样是推销一种产品，你愿意相信一个衣衫褴褛的人所说的话，还是愿意相信一个衣冠楚楚的人所说的话？很明显是后者。这不仅是因为那些穿着整齐、举止高雅的人更加让我们赏心悦目，还因为我们更加愿意相信，一个成功人士是不会靠业绩和回扣来维持生计的。

另一个方法是谈吐优雅。使自己表现得像一个优雅的教授，这可能会为你赢得更多信任。我们当然更加愿意相信一个谈吐优雅的人所说的话，因为他的观点可能更加客观、更加全面。对顾客来说，感觉可能比实际内容更加重要。

向顾客坦白你将得到的好处

一般的推销员对自己在交易中将得到的好处讳莫如深，似乎向顾客坦白后会损失什么。事实上，即使将这种属于私人性的东西告诉顾客，推销员也什么都不会损失，反而会赢得顾客的信任——不要忘记，几乎所有人都喜欢打探别人的隐私。

一个推销员向顾客推销房屋的时候，对客户说："坦白告诉你，我可以从这笔交易中得到1%的佣金。如果你不买这套房子的话，我当然会失去这个赚钱的机会，但是你的损失会更大，因为你也将失去一个少花钱的机会。这样，我们就是两败俱伤了。"

在听到这样的话之后，这位客户竟然慢慢地改变了自己的主意。这就是坦白的益处。

不同年龄的顾客的应对方法

不同年龄的顾客的经验、心理、习惯等诸多方面都不一样，因此有必要对他们运用不同的推销方法。一个成功的推销员，应该具备洞察人性的能力，因此，你必须对不同年龄的顾客进行详细的研究，以便采取相应的对策。这跟我们前面说过的根据对方决定说话策略的内容很相似，只是把那个方法运用到了推销中，并且具体到了不同年龄的对象上而已。

应对年轻顾客的方法

对年轻顾客的称呼问题让很多推销员觉得很麻烦——他们既不喜欢被人称呼成“大哥”，也不喜欢被称为“小妹”。其实大可不必觉得这些问题很麻烦，因为他们虽然有自己的喜好，但是在这些方面并不怎么在意。直接称呼他们为“男孩”“女孩”可能不会有问题，即使你跟他们年龄一般大。

年轻人追随新生事物的能力和热情，是其他年龄阶段的人无可比拟的。因此，在向他们推销商品的时候，你可以告诉他们这类商品很流行、很有创意，这种方法能够使你获得成功。

相对来说，年轻人对这个世界非常好奇。因为他们知道的东西仅限于书本，而没有什么机会去了解这个社会，或者了解得还不够，而求知欲是每个人都有的。他们的好奇心往往使他们容易被他们不熟悉的东西所吸引，并且愿意进行不断的尝试。

因此，推销员更加容易抓住他们的好奇心理，吸引他们进行各种尝试。告诉他们一些他们所不知道的东西，往往会使他们感到十分高兴，并且非常乐意跟你做朋友。

对年轻人而言，没有什么不可以做的事情，也基本上没有什么禁忌。兴趣是他们最好的导师，理性在指导他们行动的时候已经退居次要地位了。因此，只要你成功地吸引了他们的注意力，就一定会收到很好的效果。

他们一般不会固执于某个观点，但是当他们发脾气的时候，他们的爆发力非常强。这时候千万不要和他们争辩，因为不用等很长时间，他们就会自己平息下来而向你道歉的。

应对中年顾客的方法

中年顾客不同于年轻顾客的一个很重要的特点是，他们已经有了自己的家庭，他们所做的一切一般只是为了使自己的家庭变得更加富裕、快乐和幸福。他们也有自己的需要，比如个人的一些爱好，但是这基本上不会花费他们多少钱。

中年人较年轻人更加稳重，能力比较强，比老年人又更加机智。因此，不要在他们面前耍什么手段，他们会很容易就识破你的伎俩，然后不动声色地看着你表演。

不过，这对你也有很多好处。如果你的产品的确十分合适的话，他们也会更加理智地购买，而不需要你花费太多口舌和精力进行说服。只要你能够真诚地对待他们，他们就会很快地看出来的。

他们似乎并不需要多少花言巧语。有调查显示，口拙的推销员和能言善辩的推销员在成年人面前打成了平手，分不出胜负。因为他们不需要你的说辞就能进行独立而清晰的思考，你的说辞有时候反而给了他们夸夸其谈的不好印象，这显然影响了那些能言善辩者的推销效果。

成年人都比较实际。他们一般不会去考虑精神上的享受或者那些感性的东西。比如，你对他进行称赞，这很有可能不会影响他的决定。这并不代表他们不需要，只是这些东西退到了次要的地位而已。

中年人一旦决定了某件事情，就很难再改变。不论他接受还是拒绝了你的推销，除了感谢，你都没有必要再多说什么。

应对老年顾客的方法

老年人对我们来说永远是一个谜。虽然我们已经通过研究得出了许多令人信服的结论，但是存在于他们身上的疑点还是很多。

老年人大都比较孤独。因此，正是他们让人们相信，推销员也可以是一个受欢迎的职业。而实际上，他们喜欢跟任何人说话。但是这并不表明“好的开始是成功的一半”，因为他们接下来要谈的内容可能并不会让推销员感兴趣，而且推销员们必须想尽办法才能使对方了解自己的希望——仅仅是了解而已。

虽然老年人经历了太多的事情，但是这并不代表他们已经看开了很多。中年时期的他们所拥有的一些品质，现在已经荡然无存了，他们仿佛又回到了年轻时期，变得容易生气、激动和愤怒。因此，永远不要说他们有错。他们的固执让人难以置信，他们已经不可能轻易地改变自己的想法了，即使你已经拿出了确凿的证据，他们还是会继续坚持自己的意见。另外，他们一般都知道自己的反应十分迟钝，因此常常对推销员所说的话半信半疑。

他们像小孩子一样，非常喜欢受到称赞。如果你提及他在某一次战争中的表现非常英勇，这能够使他的眼睛里放出光来，并且乐得手舞足蹈，他对你的好感也一下子就会有很大的提升。这显然对营造一个平和的氛围是十分有利的。

他们喜欢倚老卖老，所以推销员在向老年人推销的时候，要表现得像个老实的小孩。这能够为你赢得他们的好感，进而突破他们的防线。

不同性格的顾客的应对方法

上面我们已经讨论过不同年龄的顾客的应对办法，下面接着讨论如何应对那些不同性格的顾客。

应对理智型顾客的方法

理智型顾客完全以理智来分析和解决问题，较少受到主观情绪的影响，他会主动吸收和分析推销员提供的信息。

产品或服务的质量、价格是他做决定的至关重要的因素，而这些东西往往是比较客观的。因此，推销员在一般情况下很少能够打动他。如果他不需要你的商品，无论你怎么努力，他都会无动于衷的；而他如果需要一件商品，绝不会只找一个产品供应商，而是会同时从几个供应商中认真比较，然后选择最合适的一个。

一般来说，他善于捕捉每一个细节，并竭尽所能地收集所有的产品信息；而他的分析能力和方法则使他能够发现产品的几乎所有优点和缺点。

基于以上特点，理智型的客户作出决定通常比较谨慎迟缓，推销员不应该催促他，而应该等他自己——当然是慢慢地——得出结论。而如果他提出某个问题——要知道，这是他深思熟虑后却仍然无法解决的——就一定是希望推销员能够给予实事求是的、明确的答复，因为他希望从推销员所作的解释中得到更多的信息。这时候，如果推销员夸夸其谈、避重就轻，那么就一定会失去这位客户。

理智型顾客通常显得沉默寡言、不善言辞。在你和他交谈的时候，应该以与工作有关的话题为主，不要过多地跟他谈论与工作无关的事情，他对此不会有多大的兴趣。特别要注意的是，务必使你提供的信息准确、客观。

应对个人意志型顾客的方法

简单地说，个人意志型顾客是那种以自我为中心的顾客。他的主观意志很强，做什么事都依照自己的经验，并且认为自己的意见是最好的，而对别人的意见基本上不予考虑。

个人意志型顾客喜欢表现自我，“我……”是他的语言表达方式。同时，他说话的音量一般比较高，语速比较快，问的问题也很直接，而且有比较强的控制倾向。

推销员在跟个人意志型的顾客约会的时候，千万不要迟到，否则他会认为你对这个约会不重视，是一个缺乏信用的人。另外，他更加关心的是产品的效果，即能否降低成本、增加收入、加快生产进度等。一般来说，他们都有很强的升职愿望。因此，如果你的产品能够帮助他做到这一点，你的推销将更加容易成功。

个人意志型的顾客十分善谈。和他交谈的时候，应该围绕他的工作业绩等话题进行，因为他很喜欢跟别人谈及他为公司作出的重要贡献。推销员在交谈的过程中，要做到言简意赅、切中要点，而且应该直奔主题。跟理智型顾客一样，推销员不要期望轻易改变个人意志型顾客的意愿或观点。当然，如果你有了充分的证据，他也会适当改变的。

和理智型顾客正好相反，个人意志型顾客的决策速度是比较快的，他常常被认为是缺乏耐心的人。因此，一旦他提出异议，推销员最好予以合理的解释，以便促使他尽快作出决策。

应对情感型顾客的方法

如果你在客户的办公室里看到了大量的私人物品，那么你的顾客就是情感型的。情感型顾客是那种能够给人以感染力的人，他更加重视的是情绪和感觉，而不那么重视客观实际。

情感型顾客更加容易被鼓动和说服。相对来说，他一般不那么在乎产品的质量有多好、有多少实际用途。如果他本来不需要你的产品，但是却被你说服了，他也会很快做决定的；而如果他本来就需要，那么他几乎会毫不犹豫地购买你的产品——如果你给他一个好印象的话。

情感型顾客的最大的特点是善于人际关系的处理，交友广泛。在与情感型顾客进行交谈的时候，你会发现他有着非常高的热情，他似乎觉得在办公室里谈论个人事情是十分愉快的。他的性格一般来说比较豪爽，行为上不拘小节，对人喜欢直呼其名。因此，跟他在一起谈话的时候，你们谈论的话题可以是多样的，不用局限于工作之类的话题。这样你可以更快地和对方产生共鸣，赢得对方的信任。

情感型顾客比较情绪化，他会更加人性化地对待推销员。但是，如果他对你的印象不好的话，那么他的决定也会在很大程度上受到影响。他们的喜怒哀乐一般都会表现出来，推销员一定要重视这个非常重要的信息。

推销员在向情感型顾客推销的时候，应该重点介绍产品的最终利益，而不是产品本身的特点。如果你能用那些新奇的方法来展示你的产品，效果则会更好。相对来说，他会更加关心你的感受，如果他拒绝了你的产品，他会认为对不起你。所以，这种顾客是一种可以再次利用的资源。

图书在版编目（CIP）数据

演讲与口才 / 白虹编 . — 长春 : 吉林文史出版社，2019.1（2021.1 重印）

ISBN 978-7-5472-5806-4

Ⅰ . ①演… Ⅱ . ①白… Ⅲ . ①演讲②口才学 Ⅳ . ① H019

中国版本图书馆 CIP 数据核字 (2018) 第 277623 号

演讲与口才

YANJIANG YU KOUCAI

编　　者：白　虹

责任编辑：孙建军　董　芳

出版发行：吉林文史出版社有限责任公司（长春市福祉大路 5788 号出版集团 A 座）

www.jlws.com.cn

印　　刷：三河市悦鑫印务有限公司

版　　次：2019 年 1 月第 1 版　2021 年 1 月第 2 次印刷

开　　本：145mm × 210mm　1/32

印　　张：9 印张

字　　数：198 千字

书　　号：ISBN 978-7-5472-5806-4

定　　价：38.00 元